Marketing

N1 마케팅

たった一人の分析から事業は成長する 実践 顧客起点マーケティング
(MarkeZine BOOKS)
(Kokyaku Kiten Marketing: 6007-8)
ⓒ 2019 Kazuki Nishiguchi

Original Japanese edition published by SHOEISHA Co., Ltd.
Korean translation rights arranged with SHOEISHA Co., Ltd.
in care of HonnoKizuna, Inc. through BC Agency.
Korean translation copyright ⓒ 2020 by Dongyang Books Corp.

* * *

Marketing

N1

N1 마케팅!

1대1 맞춤형 팬덤 마케팅의 시대가 왔다

니시구치 가즈키 지음 | 이주희 옮김

동아엠비

성공하는 마케팅은
모든 것을 '한 사람의 고객'(N=1)을 기준으로 생각하고,
그 사람의 라이프스타일을 깊이 이해하는 것에서 시작합니다.

_ 본문 중에서

들어가는 말　왜 딱 한 사람을 심층 분석하는 것이 중요할까? ·········· 008

서장

N1 마케팅이란?
마케팅은 고객의 속마음을 파악하는 것에서 출발한다 ····················· 015

1장

'아이디어'와 'N1'을 모르면, 고객의 마음을 잡을 수 없다

1-1 '아이디어'와 'N1'을 다시 정의하다 ····························· 035

1-2 마케팅은 딱 한 사람이 정말 기뻐하는 선물 고르기다 ·············· 058

칼럼 1　아이폰으로 살펴본 '아이디어' 변천사 ····························· 066
"프로덕트 아이디어 자체가 셀링포인트면 커뮤니케이션 아이디어는 필요 없다"

2장

[기초 편] 고객 피라미드를 그려라

2-1 고객 피라미드는 왜 작성해야 할까? ························· 073

2-2 행동 데이터와 심리 데이터 분석 ···························· 088

2-3 그 사람은 무엇 때문에 우리 고객이 되었을까? ·············· 098

2-4 실현 가능한 '아이디어'인가? ······························ 108

2-5 5W1H 마케팅 ·· 113

칼럼 2　N1 인터뷰를 통해 신상품 콘셉트를 개발하다 ·············· 145
"나한테서 좋은 냄새가 났으면 좋겠어"가 아니라 "이 냄새를 없애고 싶어"

3장

[응용 편] 9세그맵으로 판매 촉진과 브랜딩을 동시에 잡다

3-1 9세그맵을 그려라 ···································· 153

3-2 9세그맵 분석으로 브랜드 가치를 높여라 ···················· 180

칼럼 3 실제 설문조사를 사용한 일본 자동차업계의 9세그맵 분석 ········ 193

4장

[케이스 스터디] 스마트뉴스의 N1 분석과 아이디어 발상

4-1 스마트뉴스가 1년 만에 랭킹 1위가 된 비결은? ················ 203

4-2 행동 데이터와 심리 데이터를 동시에 파악하라 ··············· 213

4-3 새로운 프로덕트 아이디어 탄생, '뉴스를 보면서 영어 공부까지!' ····· 225

4-4 TV 광고로 고객의 스펙트럼 넓히기 ······················ 237

칼럼 4 고객을 제대로 이해하지 못한 실패 사례 ·················· 257
　　　　"집단을 대상으로 마케팅하면, 그 누구의 마음도 얻어내지 못한다"

5장

디지털 시대, 기존의 방식을 파괴하고 다시 시작하라

5-1 신 리얼월드에서 살아가는 고객 파악하기 ·················· 265

5-2 디지털 벤처기업이 일으키는 파괴적 이노베이션 ·············· 282

칼럼 5 신 리얼월드에서 살아보다 ·························· 296
　　　　"고객이 주문하기 전에 필요한 상품을 예측·배송해주는 서비스"

나가는 말 그 고객이 바로 나 자신이라고 생각해보라 ················ 301

감사의 말 ··· 305

참고 문헌 ··· 308

왜 딱 한 사람을
심층 분석하는 것이 중요할까?

새로운 리얼 세계의 탄생

저는 2017년 4월부터 디지털 서비스 벤처기업인 스마트뉴스 (SmartNews)에 참여하게 되었습니다. 그 전까지는 P&G재팬 에서 16년, 로토제약에서 8년, 록시땅에서 3년을 일하며 주로 물리적인 제품을 판매하는 비즈니스를 했기 때문에, 50대를 앞두고 디지털 벤처기업에 들어가게 된 것은 제게 큰 도전이 었습니다. 주변에서는 이제 와서 왜 그런 위험을 감수하느냐, 디지털에 대해 잘 아느냐고 물었습니다.

실제로 처음 디지털 비즈니스 현장에서 일하면서 많은 것 을 알게 되었습니다. 여러분도 실감하고 계시겠지만, 최근 몇 년간 스마트폰이 대중화되면서 젊은 층을 중심으로 라이프 스타일과 가치관이 폭발적으로 변화하고 있습니다. 지금까지 지속됐던 물리적인 세계와는 별개로 많은 사람들이 인터넷에 항상 접속하고, 그 세계에서 긴 시간을 보내게 되었습니다. '새로운 리얼 세계'가 탄생한 것입니다. 기존의 물리적인 구세계와 스마트폰으로 연결되는 새로운 리얼 세계, 이 두 세계가 공존하며 그야말로 평행 우주를 만들고 있는 것이죠.

제가 참여했을 당시 스마트뉴스는 경쟁사에 밀려 성장이 느려지고 있었지만, 적극적으로 마케팅에 투자하자 약 1년 후인 2018년 6월에는 앱 순위 100위권에서 아이폰과 안드로이드폰 양쪽에서 동시에 1위가 될 수 있었습니다. 2019년 1월에는 전 세계 누적 다운로드 수가 4000만, 월간 사용자수 1000만 명을 돌파하며 일본 최대의 뉴스 앱으로 계속 성장하고 있습니다.

저는 스마트뉴스에서 '고객 피라미드(5세그맵)'와 '9세그맵'이라는 프레임워크를 활용했습니다. 이것은 제가 지난 27년간 실무자로 경험했던 약 800억 엔이 넘는 마케팅 투자를 통해 확립한 고객 분석 프레임워크입니다. 저는 이 작업 방식과 동시에 한 사람 한 사람의 고객에게 접점을 맞추는 'N1 분석'을 통해 비즈니스를 성장시킬 '아이디어'를 개발하고 그 효과를 검증하면서 투자를 확대해갔습니다. 이 책은 이 프레임워크들의 의미와 작성법을 자세히 소개하고, 실무를 담당하고 있는 마케터들이 실천할 수 있게 도와드릴 것입니다.

스마트뉴스의 급성장은 물론 마케팅 때문만이 아닙니다. 본래 가지고 있던 뉴스 앱의 우수한 기능과 그것을 매일 업데이트하고 있는 엔지니어, 콘텐츠 개발자라는 인적 자원이 있어서 가능한 것이었습니다. 이전에 일했던 여러 회사에서도 회사의 인프라와 동료들 덕분에 성과를 낼 수 있었습니다. 지금은 로토제약의 대표적인 상품이 된 '하다라보'는 연간 20억 엔에서 160억 엔으로 매출이 늘어나 판매 개수로는 일본 1위의 화장수가 되었습니다. 일본 법인의 대표로 경영을 맡았던 남프랑스 화장품 브랜드 록시땅은 매출 둔화와 이익 감소가 4년째 지속되고 있었지만, 제가 맡은 지 2년 만에 역대 최고의 매출과 이익을 달성할 수 있었습니다. 물론 제가 담당했던 브랜드 중에는 존재감 없이 사라진 브랜드도 많습니다. 저는 다양한 성공과 실패를 겪으면서 이 책에서 소개하는 프레임워크에 도달하게 되었습니다.

소비자가 보스이자 대표자라 생각하라
이 프레임워크의 또 다른 특징은 조직에 다른 형태의 리더십이 생겨난다는 것입니다. 어떤 특정 임원이나 부서가 결정권과 영향력을 발휘하는 리더십이 강하면, 고객의 마음과는 점점 멀어집니다. 말로는 '가장 중요한 것은 고객'이라고 하지만 실제로는 마케팅과 비즈니스의 타깃이 고객이 아닌 경우도 많습니다.

이런 경험을 저도 P&G에서 겪어봤습니다. 2000년 3월, P&G의 주가가 단번에 30% 이상이나 폭락한 적이 있습니다. 실적 전망을 발표한 다음 시점에 있었던 일입니다. 이렇게 폭락하기 전 몇 년 동안 P&G는 글로벌 경쟁 시대를 대비하기 위해 조직 개편과 비즈니스 프로세스 개혁을 대대적으로 추진하고 있었습니다.

개혁의 핵심이 된 것은 브랜드와 지역 각 부문을 가로세로 축으로 교차시킨 매트릭스 조직이라는 것이었는데, 그 콘셉트 자체는 훌륭했지만 너무 복잡했습니다. 직원들도 회사 내부 문제나 프로세스에 에너지를 집중하면서 비용은 늘어나고 성장은 둔화되는 결과로 이어졌습니다. 이 위기를 극복하기 위해 영입한 새로운 CEO가 바로 A.G. 래플리 씨입니다. 그는 부임하자마자 '소비자가 보스다(Consumer is Boss)'라는 메시지를 강하게 내세웠습니다. 고객이야말로 보스다, 당연한 말이긴 하지만 저와 동료들에게는 와닿지 않았습니다. 그러나 그는 조직과 프로세스를 졸속으로 바꾸지 않고, 모두가 회사 내부가 아닌 고객을 바라보는 것에 집중할 수 있도록 만들었습니다.

대화 중에도 항상 '고객은 누구인가?', '고객에게 어떤 의미가 있는가?'라고 일관된 질문을 했습니다. 머지않아 회사 내부에서 회의를 할 때는 금세 '고객'이 주어가 되었습니다. 어떤 부서의 누가 결정권을 갖는가, 본사는 뭐라고 하나, 이런 말들은 전혀 하지 않게 되고, 모두가 눈앞의 고객에게 집중하게 된 것입니다.

그 결과 P&G는 V자 회복을 달성하고, 이전보다 훨씬 더 비약적인 성장세를 보였습니다. 그 후 다양한 조직 개편도 실행했지만, 복잡한 조직과 프로세스에 묶여 있던 직원의 사고방식과 행동을 바꾼 것은 '고객이 보스'라는 심플한 가치의 제시와 그 실천뿐이었습니다.

조직과 사업의 규모가 커지면 대개의 경우 점점 회사 내부에 신경이 쏠리게 됩니다. 저도 그런 경험을 하면서 '어떻게 하면 사업이 커져도 고객 중심의 사고에서 멀어지지 않을 수 있을까?', '경영과 마케팅을 할 때 항상 고객을 생각하려면 어떻게 해야 할까?'라는 명제에 대해 심사숙고하게 되었습니다.

'고객 피라미드'와 '9세그맵' 개념은 매우 심플해서 따로 마케팅 전문 지식이 필요 없습니다. 마케팅뿐만 아니라 상품 개발과 영업, 판촉 등의 업무에서도 타 부서와 공유하기 쉬우며, 실제로 저도 부서를 초월해서 활용했고 경영진과도 공유할 수 있었습니다. 항상 고객을 중심으로 사고하고 그 데이터를 마케팅에 활용하면 결국 고객이 리더십의 키를 쥐게 됩니다.

제가 마케팅에서 가장 중요하게 생각하는 것은 실명이 드러난 구체적인 단 한 사람의 고객, 'N=1'을 철저하게 이해하는 것입니다. 이름도 모르는 불특정 다수 중 누군가가 아니라, 실재하는 한 사람의 고객을 만나서 우리 상품을 처음 구매한 날부터 지금까지의 경험을 상세히 들어보면 그 사람의 행동 이면에 들어 있는 심리가 보입니다. 그 마음을 제대로 깊이 파악하면 성공하는 '아이디어'는 반드시 나오게 돼 있습니다.

이 책의 원제인 '고객 기점(중심) 마케팅'에는 그런 생각이 포함되어 있습니다. 어떤 특정한 한 사람이 왜 충성 고객이 되었는지, 어떤 사건이 계기가 되었는지를 깊이 이해할 수 있다면, 아직 우리 고객이 아닌 사람들에게 그 계기를 마련해주어 충성 고객으로 만들 수 있습니다. 그와 동시에 이반(離反) 고객들의 심리를 조기에 파악하고 발 빠른 대책을 취한다면 경쟁사 혹은 새로운 서비스에 갑자기 고객을 빼앗기는 리스크도 줄일 수 있습니다.

그렇다고 고객이 하는 말을 그저 많이 듣는다고 해서 성과가 나오는 것은 아닙니다. 전략적으로 마케팅을 바라보려면 고객의 특성을 제대로 분석한 후 '아이디어'와 전략을 이끌어내서 실천하기 위한 프로세스를 짜야 합니다. 지금부터 이런 이야기를 해보려고 합니다. 단순히 새로운 마케팅 개념에 대해 이야기하거나 성공 사례를 소개하는 것이 아닙니다. 매출을 책임지고 있는 독자분들이 실제 현장에서 써먹을 수 있는 이야기를 하고 싶습니다.

마케팅업계에서는 매일 다양하고 새로운 방식들이 생겨나고 있습니다. 이 책을 손에 든 분들은 부디 눈앞의 기법이나 기교에 휘둘리지 않고, 단 한 사람의 고객을 소중히 생각하면서 지속적인 성장을 이어 나가길 바랍니다.

N1
Marketing

서장

N1 마케팅이란?

마케팅은 고객의 속마음을
파악하는 것에서 출발한다

⊙ N1 마케팅이란 무엇일까?

이 책에서 말하는 N1 마케팅, 즉 '고객 기점 마케팅'이란, 한 사람의 고객을 통해 상품과 서비스의 새로운 가능성을 발견한다는 뜻입니다. 한 사람의 고객을 철저하게 이해하고, 그를 통해 마케팅 전략을 세우고 그것을 바탕으로 실행에 옮깁니다.

　타깃 고객의 세그먼트 수와 구성비(%)의 움직임을 보면서 마케팅 투자의 효과까지 검증합니다. 자사 브랜드는 물론 경쟁 브랜드 및 목표로 하는 상품과 서비스에 대해서도 간단히 조사해서 경쟁사의 고객을 분석하면 신상품을 개발할 때도 활용할 수 있습니다. 또한 B to B에도 응용할 수 있습니다.

고객 딱 한 명의 의견을 듣는 것을 'N1 분석', 이것을 통해 고객의 마음을 움직인 상품이나 서비스를 '아이디어'라고 표현합니다.

양적 설문조사나 통계 분석은 가설의 범위를 축소하거나 콘셉트 검증에는 효과적이지만, 그것만으로는 사람의 마음에 파고들어 행동하게 만드는 '아이디어'를 얻을 수 없습니다.

그렇다고 무작위로 고른 누군가의 이야기를 들으라는 것은 아닙니다. 고객이라고 뭉뚱그려 말하기는 해도, 그 계층은 다양합니다. 그래서 우선은 그것을 제대로 분석해볼 필요가 있습니다. 이것을 정확하게 파악하기 위해 타깃 고객을 5개 층으로 분해하는 '고객 피라미드'라는 프레임워크를 활용할 수 있습니다(그림 1).

그리고 또 한 가지는 고객을 복수의 세그먼트로 분류한 것인데 여기서는 '세그맵'이라고 부르겠습니다. 고객 피라미드는 '5세그맵'으로 구성됩니다. 여기에 브랜드 선호도 축을 더해 고객 전체를 9개 층으로 분해하는 '9세그맵'이라는 프레임워크가 있습니다(그림 2).

이 프레임워크를 활용하여 특정한 고객 세그먼트에서 한 사람을 골라서 'N1 분석'을 실행합니다. 구매 행동을 좌우하지만 언어화되어 있지 않은 심층 심리를 파악하여 '아이디어'를 개발합니다. 그리고 양적 설문조사도 함께 실시해서 전략을 검토합니다. 결과적으로 세그먼트가 목표한 대로 움직였는지, 각 세그먼트의 숫자와 구성비를 확인하고 평가합니다. 이 고객 분석 프레임워크는 처음 작성한 이후 정기적으로 숫자를 갱신하면서 지속적으로 운영해갑니다. 두 가지 프레임워크 중 고객 피라미드는 다음 다섯 가지 과정으로 진행합니다.

1 고객 피라미드 작성 - 누구라도 할 수 있는 간단한 조사로 고객을 5개 세그먼트로 분해.

2 세그먼트 분석 - 행동 데이터와 심리 데이터로부터 각 세그먼트의 기본적인 고객 특성을 분석.

3 N1 분석 - 각 세그먼트에서 '한 명의 고객(N=1)을 인터뷰하고 인지도와 구매 계기, 심층 심리를 분석.

4 아이디어 발상 - N1 분석을 바탕으로 그 고객의 행동과 심리 상태를 바꿀 수 있는 '아이디어'를 고안.

5 아이디어 검증 - '아이디어'를 콘셉트로 변환하고 양적 설문조사로 잠재력을 평가, 실천하여 고객 피라미드의 움직임을 확인.

이 책의 1장에서는 마케팅에서 말하는 '아이디어'란 무엇

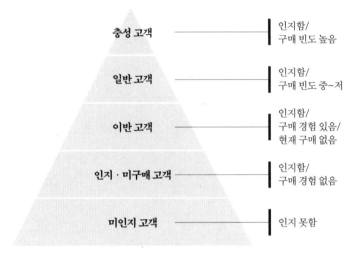

〈그림 1〉 고객 피라미드(5세그맵)

인가, N1이란 무엇인가를 자세히 설명합니다. 우리가 흔히 마케팅에서 '아이디어'라고 말하는 것의 정의가 명확하지 않기 때문에 매출과 이익으로 이어지지 않는 쓸데없는 마케팅 비용을 쓰게 됩니다.

애초에 '아이디어'가 뭔지 정확히 이해하지 못한 채 그냥 광고 대행사에 맡겨버리기 때문에 효과 없는 비용을 낭비하는 경우가 많습니다. 마케팅의 요소인 4P(Product, Price, Place, Promotion)를 생각하기 이전에, 이 '아이디어'가 뭔지 분명히 알고 넘어가는 것이 무엇보다 중요합니다.

		인지함				인지 못함
		구매 경험 있음				구매 경험 없음
다음 구매 의향(브랜드 선호도)	고	1 적극 충성 고객	3 적극 일반 고객	5 적극 이반 고객	7 적극 인지·미구매 고객	9 미인지 고객
	저	2 소극 충성 고객	4 소극 일반 고객	6 소극 이반 고객	8 소극 인지·미구매 고객	
		고	저	없음(과거 구매)		
		현재 구매 빈도				

< 그림 2 > 9세그맵(5세그맵에 브랜드 선호도 축을 추가한 상세한 고객 분석)

이어지는 2장의 기초 편에서는 고객 피라미드(5세그맵)의 구체적인 작성 방법과 활용법을 소개합니다. 기초 편의 목표는 타깃 고객 전체(기존 고객과 잠재적인 고객을 포함하여)를 종합해서 가시화, 수치화, 세그먼트화하고, 마케팅을 전략적으로 운용할 수 있게 하는 것입니다. 이것을 잘 활용하면 어떤 고객층이 우리의 매출과 직결돼 있는지를 파악하지 않은 채 신규 고객 획득을 위해 과도하게 마케팅을 하거나, 혹은 기존 고객에만 신경 쓰느라 브랜드가 점차적으로 쇠태해가는 사태를 막을 수 있습니다.

3장 응용 편에서는 2장에서 소개한 고객을 고객 피라미드보다 더 세밀하게 9가지 세그먼트로 나눈 '9세그맵'을 이용해서 분석합니다.

'이 브랜드를 또 구매(사용)하고 싶습니까?'라는 브랜드 선호도에 대한 조사 결과로 마케팅 효과를 평가합니다. 이 과정을 통하면 지금까지 모호했던 평가 방식도 가시화되고 훨씬 더 정확한 판단이 가능해집니다. 이것은 아마도 세계 최초로 판매 촉진과 브랜딩을 동시에 가시화한 툴이라고 생각합니다. 브랜딩 투자에 대해 잘 설명하지 못하거나, 판촉과 브랜딩이 맞물려 돌아가지 않는다고 느끼는 마케터에게 도움이 되었으면 좋겠습니다.

1장부터 3장까지는 프레임워크와 개념 설명이 많기 때문에 금방 이해하기 어려운 부분도 있을 것입니다. 그래서 4장 케이스 스터디 부분에서는 실제로 스마트뉴스에서 2017년부터 1년 반 동안 이 프레임워크를 어떻게 활용했는지 자세히 소개했으니 도움이 되기를 바랍니다.

기본적인 고객 피라미드(5세그맵)와 브랜딩 효과를 가시화하는 9세그맵은 브랜드의 성장 단계와 과제에 따라 활용 시기가 달라집니다. 스마트뉴스에서는 시기에 따라 이 프레임워크를 단계적으로 활용하고 있습니다. 4장을 읽은 후에 다시 한 번 1장부터 3장까지를 반복해서 읽으면 금방 실천할 수 있을 것입니다. 4장을 먼저 읽고 나서, 1장부터 3장을 읽어도 좋습니다.

마지막 5장에서는 지난 2년간 제가 디지털 벤처기업에서 일하면서 더욱 절실하게 느낀 점인 '아날로그 비즈니스의 위기'에 대해 말해보겠습니다.

디지털 기술의 발달은 우리의 라이프스타일을 크게 바꿀 뿐만 아니라, 기존 비즈니스의 존재 방식까지 근본부터 바꾸고 있습니다. 고객의 구매 방식이나 패턴, 심리의 미묘한 변화를 실시간으로 파악하고 있지 않으면, 특정 세그먼트의 고객이 서서히 디지털 벤처기업의 새로운 서비스로 이동하고 있다는 사실을 깨닫지 못합니다.

그러다 어느 날 갑자기 큰 타격을 받게 됩니다. 디지털 기술의 진화는 점점 더 빨라지고 있고, 그것이 눈에 보이지 않는 시대가 되었습니다. 그래서 더욱 그 하나하나를 쫓을 것이 아니라, 고객의 속마음에 눈을 돌릴 필요가 있습니다.

⊙ 왜 고객의 심리를 파악하지 않은 채 마케팅을 하는가

먼저 우리가 애초에 왜 마케팅을 하는지 생각해봅시다. 마케팅이란 쉽게 말해 매력적인 상품과 서비스를 개발해서 고객이 지속적으로 구매하고 사용하게 만드는 활동입니다. 하지만 기업이 아무리 '매력적'이라고 호소해도 고객이 그렇게 느끼지 않는다면 그 마케팅은 실패한 것입니다. 그러므로 가장 기본으로 돌아가 고객이 평소에 무슨 생각을 하는지, 어떤 경험을 하고, 무엇을 느끼는지, 또 무엇을 추구하는지를 먼저 파악해야 합니다.

그런데 지금은 이 기본을 지키기도 힘든 환경입니다. 많은 사람들이 스마트폰을 통해 거의 실시간으로 무한대의 정보에 접촉합니다. 오히려 이런 디지털 환경 때문에 한 사람, 한 사람의 느낌이나 내면의 상태, 행동 추이 등을 파악하는 것이 어려워졌습니다.

4대 매체라 불리는 신문, 잡지, TV, 라디오를 필두로 아날로그 매체가 쇠퇴하고 있어 기존의 방식으로는 이제 고객에게 메시지를 전달하기 어려워졌습니다. 그 대신에 디지털을 통한 다양한 마케팅 기법이 생겨나면서 마케터는 '고객이 원하는 것은 무엇일까?'를 알기 위해 노력하기보다는 급격하게 늘어나는 디지털 마케팅 툴을 익히는 데 시간을 뺏기고 있습니다.

제가 참가해온 애드테크(AD Tech)나 디지털 마케팅 세미나에서도 '새로운 디지털 기술과 기법을 실행하고 나서 효과가 있었다', 'AB 테스트를 해보니 비용 대비 효과가 좋아졌다'와 같은 내용의 프리젠테이션이 태반이지만, 이런 내용은 브랜드 전체에서 봤을 때는 한정적인 영향에 지나지 않습니다.

왜 고객의 마음이 움직였는지, 그 행동의 뿌리에 있는 심리 변화를 파악하지 않으면 마케팅 투자를 대규모로 해봤자 매출은 늘어나지 않습니다. 고객의 마음을 파악하지 않은 채 진행하는 마케팅은 반드시 부분 최적에서 축소 균등으로 떨어집니다. 바꿔 말하면, 급변하는 디지털 세계에 적응하기 위해 새로운 기법에 신경 쓰느라 오히려 고객으로부터 점점 더 멀어져가는 것입니다.

▶ '아이디어'가 비즈니스를 좌우한다

그동안 저도 필립 코틀러나 마이클 포터의 책을 비롯해 고전이라 말할 수 있는 다양한 마케팅 기법과 전략을 공부하고 시도했습니다만, 실전에서 납득이 되는 방법은 찾을 수가 없었습니다. 마케팅 전략이 아무리 논리적이고 세련된 것처럼 보여도, 막상 실전에 적용해보면 성공하지 못할 때가 많았습니다. 그런데 재미있게도 논리가 약하고 설득력이 떨어져도, 사람을 끌어당기는 '무언가'가 있다는 느낌이 올 때는 큰 성공으로 이어졌습니다. 그때 당시에는 그것이 이 책에서 말하는 '아이디어'라는 것을 깨닫지 못했지만, 지금 생각해보면 '아이디어'가 비즈니스의 성공 여부에 큰 영향을 준 것이 확실합니다. 저명한 마케팅 학자의 책도 많이 읽어봤지만, '아이디어'를 체계적으로 정리해주는 것 같지는 않았습니다.

'아이디어는 발상이나 번뜩임이다'라는 정의는 있지만, 이것 역시 어떻게 해석하느냐에 따라 달라져서 재현 가능한 형태로는 정확하게 감을 잡을 수가 없었습니다. 이런 고민을 안고 일하던 어느 날, 실제 고객으로부터 들은 이야기가 '아이디어' 비슷한 것으로 굳어졌다고 실감한 적이 있었습니다. 그때 저는 감이나 촉으로 얻는 수밖에 없다고 생각했던 '아이디어'가 구체적인 프로세스를 밟고 태어날 수 있다는 확신을 갖게되었습니다. 그리하여 세그먼트로 분류한 고객 분석과 실제 고객 한 사람 한 사람을 깊이 이해하는 'N1 분석'에 주력하기 시작했습니다. 거기서 얻은 사실을 신상품 개발과 커뮤니케이션 플랜에 활용하고, 불안한 점에 대해서는 사전에 양적 조사로 유효성을 확인하면서 '아이디어'의 정의와 발상법을 확립해갔습니다.

💨 고객의 의견에서 판매 1위 아이디어를 얻다

한 사람의 고객을 철저하게 이해해서 '아이디어'를 만들어내고 비즈니스를 성장시키는 방법을 대중화할 수 있다고 확신한 것은, 2006년 로토제약으로 이직해서 맡게 된 화장수 '하다라보 고쿠쥰'의 마케팅 덕분입니다. 2004년에 발매한 이 제품은 히알루론산을 고밀도로 배합한 것인데, 가격도 1000엔대로 상당히 저렴했습니다. 그 당시 저는 P&G에서 일본과 한국의 마케팅 담당으로 항상 신제품을 체크하고 있었기 때문에, 이 제품을 잘 기억하고 있습니다.

당시에는 이미 시세이도, 가네보, 고세 등의 대기업들이 여성 탤런트들을 모델로 내세운 광고나 패키지 디자인 등으로 대중화되어 있는 화장품 시장을 과점한 상태였습니다. 피부에 더 잘 흡수되는 화장수를 만들기 위해 알코올을 넣은 제품이 많았는데 '하다라보 고쿠쥰'은 좋은 성분 때문에 눈에 띄는 상품이었습니다.

입자가 큰 히알루론산의 고농도 배합이라는 점이 특징이라서, 피부 침투성이 높지 않고 끈적임이 있는데다가 패키지 디자인은 거의 타이포 위주였습니다. 강조한 카피도 '히알루론산이 듬뿍 들어간 화장수', '제약 회사가 제대로 만든 화장수'처럼 전형적으로 기업의 시점에서 작성한 것으로, 절대 고객의 입장에서 쓴 거라고는 볼 수 없었습니다.

그런데 저는 이후 헤드헌터로부터 이 회사의 마케팅 책임자 자리를 제의받고 2006년에 입사하게 되었습니다. 당시 '하다라보'는 연간 20억 엔 정도의 매출로 제자리걸음을 하고 있었는데, 마케팅 담당자들은 이 상품에는 '잠재력이 있다'고 생각했습니다. 이 회사의 마케팅부에서는 원래 양적 설문조사 등에 기대지 않고 실제로 소매점과 번화가에 가서 고객의 이야기를 직접 듣고 마케팅 방안을 찾는 독특한 습관이 있었는데, 거기서 비록 소수 의견이지만 이 상품을 강력하게 지지하는 이유에 대해 듣게 되었던 것입니다.

그래서 상품기획부와 광고제작부가 공동으로 실제 그 고객을 만나 인터뷰를 했습니다. 그런데 그때 그 고객이 끈적임과 저렴한 가격을 칭찬하면서, '뺨이 손에 붙을 정도로 끈적인다'며 그 모습을 실제로 보여주었습니다. 담당자들은 그저 웃

기만 했는데, '끈적임은 좋아하지 않지만 이것이 보습이 된다는 증거'라며 오히려 고객이 저희를 설득했습니다. 실제로 끈적임이 눈에 보일 정도였기 때문에 피부 표면을 보호하고 있다는 것을 납득하게 해주는 제품이었습니다. 바로 이 지점에서 '아이디어'가 보였습니다.

이 고객의 제품에 대한 구체적인 경험과 감상평을 들은 이후 '손가락이 뺨에 붙어서 떨어지지 않을 정도로 탱탱한 피부가 되는 화장수'라는 '아이디어'를 얻을 수 있었습니다. 결국 여기서 나온 카피는 이 제품을 판매 1위 화장수로 만들어주었죠. 이 '아이디어'를 마케팅 포인트로 잡고, 소규모 테스트를 통해 효과를 검증했고 이후 5년 넘게 대규모 사업을 전개할 수 있었습니다. 연간 160억 엔으로 매출 규모가 성장하고 아시아 각국으로 수출까지 하게 된 일등 공신은 바로 이 '아이디어'라고 단언할 수 있습니다.

⮞ '아이디어'는 회의를 통해 나오지 않는다

실제로 마케팅 현장에서는 어떻게 해야 매출과 이익이 오를까, 어떻게 하면 고객이 늘어날까를 고민하며 매일 담당자들이 머리를 썩이고 있습니다. 물론 저도 그렇습니다. 하지만 아이디어를 내기 위해 많은 사람이 모여서 브레인스토밍이나 회의를 한다고 해서 실전에서 정말 쓸 만한 생각이 나오는 것은 아닙니다. 브레인스토밍에서는 오히려 이미 어디선가 봤던 아이디어, 단순히 기발하기만 한 생각 등, 상품 제안으로서나 마케팅 포인트로서나 실현하기 어려운 아이디어만 나오기 십상입니다. 왜냐하면 여기서는 고객의 마음에 대한 구체적인 분석이 없기 때문입니다. 상품이나 서비스를 전달하고 싶은 고객이 존재하는 한, 가장 영향력 있는 '아이디어'를 찾아내려면 실존하는 단 한 사람의 고객을 심층 분석하는 것이 가장 좋습니다.

고객 분석 프레임워크를 통해 대상 타깃 전체를 파악하고, '어느 세그먼트의 N1 고객을 심층 분석하고, 무엇을 알고 싶은지'를 설정합니다. N1 설정을 정확하게 해야만 구체적인 '아이디어'를 낼 수 있습니다.

'아이디어'는 일부 일류 마케터나 유명한 크리에이터의 번뜩이는 발상에서 태어나는 것이 아닙니다. 적절한 마케팅 단계를 거치면 누구나 반드시 그 실마리를 잡을 수 있습니다. 한편, '아이디어'는 합리성과 이론만으로 나올 수 있는 것이 아닙니다. 사람의 행동은 합리성뿐 아니라, 마음의 움직임, 심층 심리의 변화에 좌우되기 때문입니다. 경쟁을 피하고 뛰어난 성과를 올리기 위한 모든 힌트는 바로 단 한 고객의 심리에 있습니다.

이제 다음 장부터 당신의 비즈니스를 크게 성장시켜 줄 '아이디어' 발상법과 '고객 기점 마케팅'의 실천법을 설명하겠습니다.

【 서장 핵심 메시지 】

❶ 'N1 마케팅'은 한 사람의 고객을 기점으로 비즈니스를 구축한다

❷ 고객들을 각 세그먼트로 분류하고 가시화, 수치화한다.

❸ N1 분석으로 '아이디어'를 생각해내고, 양적 설문조사로 검증하여 투자한다.

N1 Marketing

1장

'아이디어'와 'N1'을 모르면, 고객의 마음을 잡을 수 없다

이 장에서는 마케팅에서 유효한 '아이디어'의 정의와 그것을 도출하기 위해 왜 한 사람의 고객으로 좁혀서 집중해야 하는지, 'N1'의 의미를 설명합니다. 고객 인터뷰와 분석을 지속하면서 수많은 사례를 경험한 결과, 유효한 '아이디어'가 성립하는 조건과 그 방법을 알게 되었습니다.

1-1 '아이디어'와 'N1'을 다시 정의하다

⊙ 독자성과 편익성이 없다면 아이디어가 아니다

이 책에서 말하는 '아이디어'를 단적으로 정의하면, 크게 '독자성'과 '편익성'이라는 두 항목으로 나눠서 표현할 수 있습니다(그림1-1). 결론부터 말하면, 독자성과 편익성을 겸비한 '아이디어'의 유무가 마케팅에서 가장 중요한 요소입니다.

독자성이란, 다른 곳에는 없는 특유의 개성이자, '유일무이'라고도 바꿔 말할 수 있는 것으로 '클리셰'가 느껴지지 않는다는 특징이 있습니다. 영어로는 'Only-one Uniqueness'라고 합니다. 저는 더 나아가 'Never'의 요소도 갖추어야 한

	편익성	
	있음	없음
독자성 있음	아이디어	기믹
독자성 없음	코모디티	자원 파괴

< 그림 1-1 > 독자성과 편익성

다고 정의합니다. 본 적이 없는, 들은 적이 없는, 경험한 적이 없는, 맡아본 적이 없는, 오감으로 감지한 적이 없는 강력한 개성을 말합니다. 사람들은 원래 이런 것에 주목합니다. 즉, 독자성의 유무는 주목할 만한가 아닌가로 확인할 수 있습니다.

두 번째로 편익성이란, 말 그대로 편리하고 이익이 된다는 뜻입니다. '베네핏' 혹은 '메리트'라고도 표현할 수 있겠죠. 뭔가를 이용함으로써 얻을 수 있는 유형, 무형의 가치이자 '편리함, 이득, 유리함, 유쾌함, 즐거움' 등을 말합니다. 편익성의 여부는 어떤 상품과 서비스가 구매할 만한 가치가 있는지, 시간을 들일 만큼 가치가 있는지, 그 판단을 좌우합니다.

그림 1-1을 보면 독자성과 편익성 모두를 겸비한 것을 바로 '아이디어'라고 부를 수 있습니다. 그리고 그 외 다른 조합을 살펴보면 의미가 더욱 명확해집니다. 하나씩 살펴보겠습니다.

우선 왼쪽 아래, 독자성은 없으나 편익성이 있는 것은 이른바 '코모디티'입니다. 코모디티(commodity)란, 대체성이 있는 상품과 서비스로, 시장에서 경쟁사의 제품과 동등한 취급을 받습니다. 마케팅 분야에서는 차별성이 없는 상품이나 서비스를 가리킵니다.

그다음으로, 오른쪽 위에 있는 독자성은 있지만 편익성이 없는 것을 '기믹'(gimmick)이라고 하는데, 이것은 주목을 받긴 하지만 구매하는 데 시간을 들일 가치가 없는 상품을 말합니다. 상품 자체에는 가치가 없기 때문에, 사기라고 말할 수도 있습니다. 대단히 독창적인 특징을 상품 그 자체나 패키지, TV 광고 등으로 잘 만든다고 해도 그것에 상응하는 편익성을 고객에게 제공하지 못한다면 일회성 엔터테인먼트에 지나지 않을 것입니다. 마지막으로, 왼쪽 아래에 독자성도 편익성도 없는 것은 무엇일까요? 이것은 지구의 자원을 쓸데없이 낭비하는 '자원 파괴'입니다. 개발에 걸리는 시간과 비용, 커뮤니케이션 비용, 그 모든 것이 낭비입니다.

이 그림에서 독자성과 편익성, 둘 중 하나라도 없으면 새로운 가치가 될 수 없고, '아이디어'도 아니라고 생각합니다.

독자성을 갖는다는 것과 비슷한 뜻으로, 마케팅에서 자주 쓰이는 단어 중 '차별화'가 있습니다. 이는 마이클 포터가 『마이클 포터의 경쟁전략』(프로제)에서 사용한 말로, 원래는 독자성을 의도하고 만든 말이지만, 일반적으로는 경쟁사와 편익성이 비슷할 때 '~가 더 비싸다, 강하다, 친절하다, 촉촉하다, 청결하다……' 등등 비교우위의 뜻으로 곧잘 쓰였습니다.

하지만 독자성 없이 비교우위성만 있다고 본다면, 그림 1-1의 코모디티에 가까운 상태인데 이것은 본래 포터가 의도한 '차별화'와는 의미가 다릅니다.

이 책에서 말하는 독자성은 어디까지나 유일무이한 Only-one Uniqueness를 뜻합니다. 독자성이 약하면, 코모디티 경쟁으로 떨어지게 됩니다. 물론 코모디티 경쟁도 마케팅의 대상이지만, 압도적으로 성장하기 위해서는 상품과 서비스가 탄생할 때부터 이미 '아이디어'를 갖추고 있어야 합니다. 희대의 마케터라고도 불렸던 스티브 잡스가 이런 말을 남겼습니다.

"데이트하고 싶은 여성에게 당신의 라이벌이 장미꽃 10송이를 보냈다면, 당신은 15송이를 보내겠는가? 그렇게 생각했다면 이미 당신은 진 것이다. 라이벌이 뭘 하든 그것은 중요하지 않다. 그녀가 진짜 원하는 게 무엇인지를 꿰뚫는 것. 그것이 중요하다."

"When you want to have a date with a girl, are you going to send her 15 roses if you know that your rival is sending her 10 roses? If you would think so, you will be defeated on that moment. Whatever your rival does, is not what matters. What does that girl really want?" (『인생을 바꾸는 스티브 잡스 스피치』, 국제문화연구실 편집, 고마북스)

⊙ '프로덕트 아이디어'와 '커뮤니케이션 아이디어'

이제부터 '아이디어'는 독자성과 편익성을 겸비한 것이라는 것을 전제로 더 깊이 들어가보겠습니다. 마케팅 업무상 '아이디어'에는 크게 다음 두 가지가 있습니다(그림 1-2).

① 상품이나 서비스 그 자체가 아이디어인 '프로덕트 아이디어'.
② 상품이나 서비스를 대상 고객이 인지할 수 있게 만드는 수단으로 쓰이는 '커뮤니케이션 아이디어'.

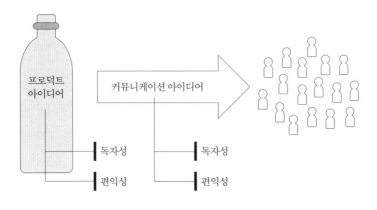

<그림 1-2> 프로덕트 아이디어와 커뮤니케이션 아이디어

여기에도 독자성과 편익성이라는 기준을 적용해볼 수 있는데, 이 두 가지 요소 간에는 명확한 주종 관계가 존재합니다. 간단히 말하면, '프로덕트 아이디어'의 독자성이 조금 약하더라도, 편익성이 있다면 '커뮤니케이션 아이디어'를 활용해서 매출 향상 및 브랜드 육성이 가능합니다. 하지만 상품이나 서비스 자체에 편익성이 없다면, '커뮤니케이션 아이디어'가 아무리 좋아도 그것만으로는 매출이 보장되지 않습니다. 계속해서 자세히 설명하겠습니다.

1. 프로덕트 아이디어

상품이나 서비스 그 자체에 독자적인 기능 및 특징이 있어야 구체적인 편익성도 따라서 존재할 수 있습니다. 아이폰이 처음 등장했을 때, 이것은 휴대전화에 음악 플레이어인 아이팟 기능이 있고, 인터넷을 이용할 수 있는 유일한 휴대전화(= 스마트폰)였습니다. 바로 이 점이 독자성 자체가 편익성과 연결된 최강 아이디어라 할 수 있습니다. 하지만 독자성이 편익성과 연결되지 않으면 기믹에 그치고 맙니다.

예를 들면, '두툼한 파도 형태'라는 독자성이 있는 포테이토칩은 그 독자성 자체가 '포만감이 있어 맛있다'라는 편익성으로 연결됩니다. 하지만 별 모양의 포테이토칩은 그 형태가 맛과 연결되지 않아, 특이한 외형 때문에 한 번은 구매할 수 있어도 지속적인 판매로는 이루어지기 어려울 것입니다. 과거의 히트 상품 순위를 보면 이런 이유 때문에 단명하는 경우를 많이 볼 수 있습니다.

이것은 우연이 아닙니다. 거의 모든 경우, 맨 처음 그 상품이 등장할 때부터 이미 예견된 결과입니다. 물론 단기적인 매출을 만들기 위해 의도적으로 이런 상품을 발매하는 경우도 있겠지만, 그렇지 않다면 지속적인 구매로 이어질 수 있을지를 '프로덕트 아이디어'의 유무로 검증할 필요가 있습니다.

가장 이상적인 경우는 앞서 예를 든 아이폰처럼 독자성 그 자체가 편익성인 경우입니다. 숙박 서비스인 '에어비앤비'와

모바일 차량 예약 서비스인 '우버'도 그렇습니다. 제가 담당했던 브랜드 중에 로토제약의 '하다라보'와 록시땅, 뉴스 앱인 스마트뉴스도 탄생할 때부터 '독자성=편익성'을 갖춘 서비스였습니다.

그다음으로 이상적인 경우는 확고한 독자성이 편익성을 지지하고 있는 경우입니다. 예를 들어 어떤 감기약이 '독자적인 유효 성분 ○○가 들어 있기 때문에 잘 낫는다'고 했을 때, '○○'라는 독자성이 '감기가 잘 낫는다'라는 고객의 편익성을 지지합니다. P&G에서는 'Reason to Believe(RTB)' 즉, '믿을 만한 이유'라는 의미의 마케팅 용어를 씁니다만, 이 예에서는 RTB로서 '○○'가 있기 때문에 고객이 구입하는 것으로, 감기가 낫는다는 편익성 자체는 어떤 감기약에나 공통적으로 해당되는 것입니다. 물론 이런 '프로덕트 아이디어'를 만들어내는 것은 간단하지 않습니다. 그러나 독자성과 편익성을 모두 갖춘 '아이디어'를 만들어내는 것이 마케팅에서 가장 중요한 업무 중 하나라고 생각합니다.

한편, '프로덕트 아이디어'로 세상에 나와서 바로 성공한 상품이나 서비스의 경우에는 거의 예외 없이 금세 늘어나는 유사·경쟁 상품 때문에 점점 코모디티로 변해갑니다. '하다라보'나 스마트뉴스도 현재 몇 개의 경쟁사가 있는지를 생각해보면 이런 현상은 명백합니다.

이 코모디티화 경쟁에서 이기기 위해서는 반드시 편익성과 연결되는 독자성을 유지하고, '프로덕트 아이디어' 자체를 계속 업그레이드해야 하는데, 그와 동시에 필요한 것이 바로 '커뮤니케이션 아이디어'입니다.

2. 커뮤니케이션 아이디어

이것은 '프로덕트 아이디어'를 대상 고객에게 전달하고, 구매 행동을 이끌어내기 위한 커뮤니케이션 자체의 '아이디어'를 말합니다. 커뮤니케이션 또한 독자성과 편익성의 조합으로 이루어져 있습니다.

커뮤니케이션의 독자성이란, 광고 및 이벤트, 캠페인 등에서 구현하는 방식의 창의성에 대한 이야기입니다. 이해하기 쉽게 광고를 예로 들어보면, 거기서 사용하는 말, 비주얼, 영상, 드라마, 스토리, 광고 모델 등이 기존에 나왔던 방식인지 아니면 그 광고만의 독창성을 갖고 있는지에 따라 판가름 납니다.

앞쪽에서도 '독자성이란 주목할 만한 가치가 있는 것'이라고 강조했습니다만, 광고의 크리에이티브에 독자성이 없다면 주목받을 수 없습니다. 두 번째, 커뮤니케이션의 편익성이란,

광고에서 고객에게 편리함과 이익을 준다는 내용을 잘 전달했는가 하는 점을 말합니다. 그 광고에 접촉하는 것 자체가 즐겁고, 재미있고, 기분이 좋아지는지 여부도 여기에 포함됩니다. 커뮤니케이션 방식에 독자성이 있고, 또한 그 광고를 보고 들을 때, 편익성을 얻을 수 있는 것, 이 두 가지 조건을 만족하는 것이 '커뮤니케이션 아이디어'입니다.

이것을 가장 잘 보여주는 유명한 성공 사례로 '소프트뱅크'가 있습니다. 이 회사는 2006년에 보더폰을 인수해서 당시 인기가 높았던 할리우드 배우 캐머런 디아즈와 브래드 피트 등을 섭외해서 광고에 활용했습니다. 또한 2007년부터는 '아버지 개'가 등장하는 '시라토 가족' 시리즈 등 화제의 TV 광고를 전개하면서 크게 성장했습니다.

이것은 NTT도코모, KDDI와 같은 거대 기업이 시장을 이미 장악한 이후 등장한 후발 주자가 '커뮤니케이션 아이디어'로 강력한 독자성을 보여주어 성공한 사례입니다만, 더 주목해야 할 점은 이 기업이 2008년 7월부터 아이폰을 독점 판매하기 시작한 것입니다. 이후 2012년에 KDDI에서도 아이폰이 판매되었지만, 그 전까지는 아이폰 독점 판매라는 압도적인 '프로덕트 아이디어'가 소프트뱅크의 성장을 지탱했다고 할 수 있습니다.

N1 마케팅

여기서 혼동하지 말아야 할 것은 커뮤니케이션의 성공과 '프로덕트 아이디어' 자체만의 성공입니다. 화제가 되는 광고는 독자성이 있고, 광고 자체의 재미 등 편익성까지 갖고 있습니다. 그런데 이렇게 잘 만들어졌다고 평가받고 심지어는 광고상까지 받는다고 해도 그것이 반드시 구매라는 행동으로 이어지는 것은 아닙니다.

소프트뱅크는 '커뮤니케이션 아이디어'와 '프로덕트 아이디어'를 훌륭하게 조합해서 대성공을 거뒀지만, 히트했다고 알려진 광고의 상당수가 실질적인 구매 활동으로 이어지지 않는다는 문제를 안고 있었습니다.

'커뮤니케이션 아이디어'는 독자성으로 주목받았다고 해도, 그 상품 자체의 편익성이 없다면 제대로 기능하지 않습니다. 광고가 아무리 재미있다고 해도 마찬가지입니다.

▶ 프로덕트 아이디어는 선택이 아닌 필수다

앞에서 말한 것처럼 '프로덕트 아이디어'는 '커뮤니케이션 아이디어'에 앞서 반드시 존재해야 합니다. 둘 사이에 주종 관계가 있기 때문이죠.

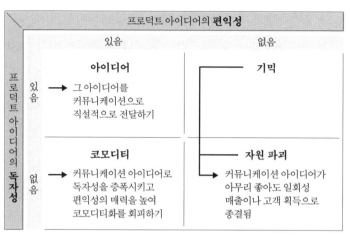

< 그림 1-3 > **프로덕트 아이디어와 커뮤니케이션 아이디어의 연관성**

아무리 '커뮤니케이션 아이디어'가 독자성과 편익성 모든
면에서 우수해도, '프로덕트 아이디어'가 빈약하면 기껏해야
일회성 매출을 확보하는 것에 그쳐, 사업 성장으로 이어지기
는 어렵습니다. '프로덕트 아이디어'를 확고하게 만들고 나서
그 이후의 상황에 따라 '커뮤니케이션 아이디어'의 역할이 결
정됩니다(그림 1-3).

'프로덕트 아이디어' 자체가 강력하다면, 광고상의 '커뮤니
케이션 아이디어'에 크리에이티브한 독자성을 추구할 필요는
없습니다. 이런 경우는 상품 자체가 주목할 만한 독자성과 구
매할 가치가 있는 편익성을 다 갖고 있기 때문이죠.

광고 담당자들에게는 유감스런 이야기일지 모르겠지만, '프로덕트 아이디어'의 가치, 즉 독자성과 편익성을 가능한 한 많은 타깃 고객에게 직접적으로 전달한다면 광고는 반드시 구매 행동으로 이어집니다. 쓸데없는 일을 추가할 필요가 없습니다. '프로덕트 아이디어'가 뛰어난데도, TV 광고에 요상한 설정을 넣어서 도대체 무슨 상품·서비스인지 모르게 만드는 경우도 의외로 많습니다. 즉 '프로덕트 아이디어'가 갖고 있는 본래의 강점이 제대로 전달되지 않는 경우죠.

정반대로, '프로덕트 아이디어'의 독자성은 약하지만 편익성이 강한 경우(그림에서 코모디티에 가까운 경우)에는 '커뮤니케이션 아이디어'의 독자성을 강화해서 좋은 결과를 얻을 수도 있습니다. 그것으로 주목을 끌어서 상품의 편익성을 알리고 체감할 수 있게 하면 되기 때문입니다. 단, '프로덕트 아이디어'의 편익성이 너무 약하면(기믹이나 자원 파괴에 해당하는 경우), 아무리 강력한 '커뮤니케이션 아이디어'로 광고를 해도 일회성 매출에 그치게 됩니다. 또 시장에서 성공한다고 해도 곧바로 새로운 유사·경쟁 상품들이 쏟아져 나와 차별성이 사라집니다.

그러므로 성공한 시점과 동시에 시작되는 동질화, 코모디티화 현상과 싸울 필요가 있습니다.

이때 무엇보다 중요한 것은 편익성과 연결되는 독자성을 유지하는 것입니다. 그러기 위해서는 '프로덕트 아이디어'를 업그레이드하면서 '커뮤니케이션 아이디어'로 코모디티화를 피해야 합니다. 또 어떻게 유사·경쟁 상품에 대응하면서 '프로덕트 아이디어'를 강화해나갈 것인지도 중요합니다. 이 모든 역할을 총괄하는 사람이 바로 마케터입니다. 그러니까 마케터는 우선 '프로덕트 아이디어'를 이해하고 공감할 수 있어야 합니다. 그것을 알아야 브랜드를 창조할 수 있는 것이지 '커뮤니케이션 아이디어' 자체만으로 브랜드를 만드는 것은 결코 아닙니다.

◑ 커뮤니케이션 아이디어의 한계

대규모의 자본이나 영업력 있는 회사 상품의 경우 기존의 시장이 크다면 독자성이 약해도 기본적인 편익성만 있으면 성공할 확률이 높습니다. 상품이 점점 코모디티화되어도 고객이 독자성과 편익성을 느낄 수 있도록 '커뮤니케이션 아이디어'를 잘 만들어서 방대한 미디어 시장에 노출한다면 어느 정도의 성공은 보장됩니다.

대중에게 알리기 어려운 독자성이라 하더라도, 패키지 형태나 디자인, 네이밍, TV 광고, PR, 디지털 전략, 소매점까지 포함한 대규모 전방위 커뮤니케이션을 진행한다면 브랜드를 육성하는 것은 가능합니다.

그러나 거의 대부분의 기업은 이처럼 대규모의 자원이 없기 때문에 이런 형태의 물량 공세를 하기는 힘듭니다. 또한 강력한 '커뮤니케이션 아이디어'를 개발하는 것도 간단한 문제는 아닙니다. 수많은 시행착오를 통해 단련된 감이 있는 마케터가 필요하기 때문에 인재를 육성하는 것도 만만치 않습니다. 딱 맞는 인재를 뽑으려고 해도 일단 업계에 많지 않은 것이 현실입니다. 광고 대행사에 의뢰하는 경우도 고충이 있기는 마찬가지입니다. 특히 애초에 '프로덕트 아이디어'가 약한 상품이라면 '커뮤니케이션 아이디어'를 고안해달라고 일을 맡겨도 좋은 아이디어가 나오기 힘들기 때문입니다.

시장 환경을 봐도 독자성이 약한 상품이나 서비스는 점점 사라지고 있습니다. 1980년대, 1990년대, 2000년대 초반까지만 해도 유명인을 모델로 내세우기만 해도 미디어에서 크게 다루어줬고, 쉽게 화제가 되는 시대였습니다. EC(전자상거래) 초창기, 유통이 점포로 한정되어 있던 시절에는 정보의 유통도 4가지 매스미디어에 집중되고 정보량 자체도 적었기 때문에, 근소한 차이(약한 독자성)로도 뉴스가 되고, 많은 고객에게 전달될 수 있었습니다. 그러다 2007년, 아이폰의 등장 이후 정보의 유통량이 비약적으로 늘어났습니다. 정보를 입수하는 루트도 확장되어 이제 그저 그런 '아이디어'로는 주목받지 못하고, 눈 깜짝할 사이에 묻혀버리게 되었습니다.

소셜 마케팅, 인플루언서 마케팅, 버즈 마케팅 등 디지털 분야를 중심으로 여러 새로운 커뮤니케이션 도구가 나타났지만, 강력한 '프로덕트 아이디어'가 없으면 이런 기법을 이용한다 해도 상품이나 서비스가 넓게 확산되지 못합니다. 투자를 하면 그만큼 노출 횟수나 재생 횟수 자체가 확실히 늘어나기 때문에 정보 자체도 확산된 것처럼 보이지만, 그것이 반드시 인지도 형성이나 구매로 이어지는 것은 아닙니다. 노출 횟수가 2000만, 동영상 조회 수가 3000만이 되었다고 해도 제가 아는 한, 결과적으로 크게 매출이 오른 경우는 별로 없는 것이 현실입니다.

문제는 이런 기술적인 기법들이 아닙니다. 또 그 상품의 상대적 비교우위성을 강조해서 알리는 것만으로는 전략적인 마케팅을 하기 힘든 시대가 된 것입니다. 이제는 독자성과 편익성을 다 갖춘 '아이디어' 그 자체가 필요한 시대입니다.

● 초기에 인지도를 얻어라

지금까지 마케팅에서 중요한 '프로덕트 아이디어'와 '커뮤니케이션 아이디어'를 설명했습니다. 그런데 마케팅이 성공하기 위해서는 또 하나 중요한 것이 있습니다. 그것은 초기 인지도 형성입니다. 강력한 독자성과 편익성을 갖춘 '프로덕트 아이디어'를 개발했어도, 그것을 모방한 추종자에게 자리를 뺏기고 니치(nitch)한 유사 브랜드가 되어버리는 경우는 많습니다. 이렇게 되지 않으려면 초기에 확실하게 인지도를 얻어야 합니다. 메루카리(メルカリ)도 프리마켓 앱으로서는 후발 주자이고, '하다라보'도 사실 히알루론산 계열 화장수로서는 후발 주자였지만, 초기 인지도 형성에 성공했기 때문에 분야 1위가 되었습니다.

그와 반대로, 일본 최초의 뉴스 앱이었던 스마트뉴스는 강력한 독자성과 편익성으로 세상에 등장했지만, 이후 등장한 경쟁사의 인지도 형성에 밀려 하마터면 니치 브랜드로 정체될 뻔했습니다. 우리에게 익숙한 다양한 분야의 인기 브랜드 중에는 사실 '프로덕트 아이디어'로서는 후발 상품인 경우가 많습니다. 이것은 초기 인지도 형성이 얼마나 중요한지를 잘 말해줍니다.

아직 인지도가 형성되지 않아서 팔리지 않는 것인데도 매출이 오르지 않는다고 투자를 멈춰버리는 케이스가 많습니다. 성장이 부진한 이유가 '프로덕트 아이디어' 자체의 문제인지, 아니면 인지도 부족 때문인지를 냉정하게 판단하지 않으면 성장의 기회를 스스로 잡아먹는 것입니다.

초기에 빠르게 인지도를 만들어서 약진한 사례로는, 소프트뱅크의 '타임머신 경영'이 유명합니다. 전 세계에서 싹트고 있는 강력한 '프로덕트 아이디어'를 재빨리 찾아내고, 그것을 자사 서비스로 개발하여, 그것이 일본으로 들어오기 전에 미리 시장에 카테고리를 만들어버리는 것입니다. 사실 이 전략을 쓰는 기업은 중국에서 많이 볼 수 있습니다. 중국에는 아직도 구글과 유튜브, 페이스북, 아마존, 트위터가 진입하지 못했지만, 바이두(Baidu), 알리바바(Alibaba), 텐센트(Tencent)와 같은 중국 기업이 똑같은 종류의 서비스를 전개하여 중국 내수 시장을 독점하고 있습니다. 또한 여기에서 얻은 압도적인 이득으로 해외 기업을 인수하여 전 세계로 진출하고 있습니다.

이것은 중국 정부가 '국방상의 이유로 해외의 인터넷 서비스를 도입하지 않는다'고 방침을 정하고, 중국계 기업에게 '타임머신 경영'을 가능케 한 결과입니다. 중국인들에게는 해외에서 보는 구글과 유튜브, 페이스북, 아마존, 트위터 그 모든 플랫폼이 자국 내에서 봤던 서비스의 유사 서비스인 것입니다.

디지털 분야 외에도 이와 똑같은 케이스는 많이 볼 수 있습니다. 탄산음료 시장에서 코카콜라는 압도적인 세계 1위이지만, 진출이 늦었던 중동이나 아시아 일부 국가에서는 먼저 진출해서 시장을 선점한 펩시콜라가 인지도를 형성하여 오랜 기간 1위 자리를 유지하고 있습니다. 전 세계 1위의 햄버거 체인점인 맥도날드도 각국에서 같은 경험을 하고 있습니다.

맥도날드가 진출하기 전 영국에서는 이미 '윔피(Wimpy)'라는 로컬 햄버거 체인점이 압도적인 1위였습니다. 뒤늦게 맥도날드가 진출했을 때는 '프로덕트 아이디어'가 약했기 때문에 마케팅을 해도 신선하다는 반응을 얻기는 힘들었습니다. 이후에 대규모 투자와 윔피의 실책 덕분에 서서히 주도권을 빼앗을 수 있었지만, 그렇게 되기까지 많은 에너지와 시간을 써야만 했죠. 초기에 인지도를 얻었는지의 여부는 이렇게 큰 차이가 있습니다.

요약해보자면 강한 '프로덕트 아이디어'와 '커뮤니케이션 아이디어'와 함께 '타깃 고객을 대상으로 한 초기의 인지도 형성'이 성공의 3요소라고 할 수 있습니다(그림 1-4).

또한 후발 상품의 개발자 입장에서 본다면, 훌륭한 '프로덕

1. 프로덕트 아이디어
2. 커뮤니케이션 아이디어
3. 초기 인지도 형성

< 그림 1-4 > 마케팅의 성공에 필요한 3요소

트 아이디어'를 갖고 있음에도 인지도 형성에 한발 늦은 상품
이나 서비스가 있다면, 이 분야 마케팅을 강화해서 그 시장을
장악하는 전략을 써야 한다는 말입니다.

특허 기술이나 정부 규제 등의 특수한 진입 장벽이 없는 한,
고객 입장에서는 어떤 것이 원조인지는 중요하지 않습니다.
고객들에게는 하루라도 빨리 인지도를 형성한 상품이 '진짜'
이자 '원조'입니다.

◉ 프로덕트의 3가지 성장 잠재력

'프로덕트 아이디어'를 인지도 형성의 관점에서 본다면, 이
세상의 상품과 서비스 대부분이 그 타깃 고객 전체에서 50%
인지도도 얻지 못합니다. 제가 담당했던 브랜드 중에서 타깃
고객 전체 중 50% 이상의 인지도를 얻은 것은 30% 정도였습

니다. 거의 모든 상품이 타깃 고객의 절반에게 그 존재조차 알리지 못했기 때문에, 실질적으로는 신상품이라고 말할 수도 있습니다. 그런데 역으로 생각하면 만약 경쟁사의 상품이 먼저 인지도를 획득한다면, 경쟁에서 밀려 그 시장에서 탈락할 수도 있습니다.

흔히들 자사 상품을 모방한 경쟁 상품이 등장하면, '새롭지 않기 때문에' 위협이 되지 않을 거라고 경시하기 쉽습니다. 그러나 미인지 고객층은 그 경쟁 상품을 '신상품'으로 인식할 수 있습니다. 우리가 고객 기점 마케팅을 해야 하는 이유가 바로 여기에 있습니다.

긍정적으로 생각하면, 타깃 고객층 안에서 50%의 인지도조차 없는 상품은, 현재의 매출보다 2배 이상 성장할 수 있는 잠재력을 갖고 있는 것입니다. 그와 반대로 부정적으로 본다면, 후발 경쟁 제품의 등장으로 큰 타격을 받을 리스크 또한 안고 있습니다(그림 1-5).

이렇게 성장 잠재력이 존재하는 이유를 간단히 정리하면, 주로 다음 3가지를 들 수 있습니다. 각각 몰두해야 할 방향성을 적겠습니다.

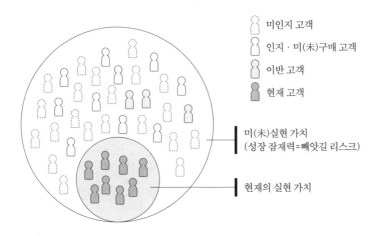

미인지 고객

인지 · 미(未)구매 고객

이반 고객

현재 고객

미(未)실현 가치
(성장 잠재력＝빼앗길 리스크)

현재의 실현 가치

< 그림 1-5 > 브랜드의 잠재력＝리스크와 현재의 실현 가치

① 애초에 모른다(미인지 고객).

→ 타깃 고객층과 마케팅 포인트 재검토.

→ 미디어 전략(선택이나 투자량)의 재검토(특히 매스미디어를
사용하지 않는 경우의 인지도 형성은 한정적이 되기 쉬움).

② 알고는 있지만 사야 할 이유나 동기가 없다(인지＋미구매 고객).

→ 타깃 고객층과 마케팅 포인트 재검토(프로덕트 아이디어의 문
제인지, 커뮤니케이션 아이디어의 문제인지를 파악하여 '아이
디어'를 강화하기).

→ 편익성에 비해 가격이 적절한지 재검토(허용되는 가격을 파악

하여 수정).

→ 원래의 프로덕트 아이디어를 개선(독자성이 없는지, 편익성이

없는지, 사분면으로 정밀 조사하고 강화하기).

③ 알고 있고 사고 싶지만 판로가 없다/모른다(인지+미구매).

→ 판로 자체의 확대 강화, 또는 어디에서 살 수 있는지 판로 자체

의 인지도 형성 강화.

각각의 방향성이나 '아이디어'는 사전에 콘셉트 평가나 테
스트 마켓을 시행한 후에 실행하게 됩니다. 다음 장부터는 왜
고객 한 사람을 대상으로 하는 'N1 분석'을 통해 '아이디어'를
만들어내는 게 중요한지 설명하겠습니다.

1-2 마케팅은 딱 한 사람이 정말 기뻐하는 선물 고르기다

◉ 왜 딱 한 사람을 파고들어야 할까?

'아이디어'를 뺄 때, 왜 고객 한 사람(N1)을 깊게 파고들 필요가 있는지, 왜 대상을 좁혀서 생각해야 하는지에 대해 말해보겠습니다.

강력한 마케팅 전략을 만들려고 할 때, N1을 기점으로 하는 마케팅은 1000명을 대상으로 하는 것보다 훨씬 더 중요합니다. 예를 들면, 누군가의 크리스마스 선물을 고를 때, 가장 기뻐하게 만들 자신이 있는 그룹은 다음의 3가지 중 어느 쪽인가요?

< 그림 1-6 > **구매 행동 뒤에는 반드시 어떤 '계기'가 있다**

① 당신의 자녀, 아내, 남편, 연인 중의 한 사람.

② 당신의 동료, 동기 20명.

③ 4년제 대학을 졸업하고 현재 도쿄에 거주 중인, 남편의 연 수입 800만 엔 이상에 자녀가 있는 전업 주부 1000명.

　당연한 답이지만, 자신이 잘 알고 있는 구체적인 어떤 한 사람에서 복수의 사람, 나아가 자신이 직접 알지 못하는 특정한 복수의 집단으로 대상의 폭이 확장될수록, 무엇을 선물해야 기뻐할지 상상하기가 어려워집니다.

　자신이 깊이 이해하고 있는 딱 한 사람의 선물을 준비해야 한다면, 그의 취미와 기호, 생활 태도, 가치관, 무엇을 소유하고 있는지, 평소 무엇에 흥미가 있는지를 고려해서 선택할 것이므로, 그 사람이 받고 나서 기뻐할 가능성이 높아집니다.

2나 3보다는 1의 경우가 성공할 확률이 확실히 높습니다.

⬇ 고객 기점 마케팅이란 한 사람 한 사람을 찬찬히 바라보는 것

구매 행동의 배경에는 반드시 어떠한 계기가 있고, 그것은 행동을 쫓는 것만으로는 알기 어렵습니다. 한 사람을 분석하는 'N1 분석'에서 중요한 것은, 구매 행동을 좌우하는 근본적인 이유를 분석하는 것입니다. 많은 경우, 고객 스스로도 그것을 잘 알지 못하기도 합니다. 왜 어떤 물건을 샀는지 물어봐도 제대로 대답하지 못하고, 대답을 했다고 하더라도 진실이 아닌 경우가 많습니다.

그렇다면 구매 행동으로 직결되는 계기란 무엇일까요? 그것은 '그 상품이 자신에게 특별한 편익성을 제공하고 있다'고 심리적으로 인식하게 되는 계기를 말합니다. 대부분의 경우, 고객 한 사람의 심리를 바꾸는 계기는 한 가지로 집약됩니다.

어떤 커뮤니케이션이나 체험을 통해 그 상품 특유의 매력적인 편익성을 인식하고 처음 구입하게 된 계기, 더 나아가 충성 고객이 된 계기가 무엇이었는지는 N1 분석을 통해 알 수 있습니다(그림 1-6). N1 분석을 잘 하느냐가 어떤 브랜드의 성공 여부, 미래의 성장 여부를 좌우할 수 있습니다.

일반적으로 통계학에서는 유의미한 데이터를 얻기 위해 일정 규모 이상의 회답 수(=N수)를 필요로 하는데, 이것은 조사 대상의 모집단(母集團) 수와 오차범위 ±5% 등, 필요로 하는 수준이 있습니다.

그런데 '아이디어' 발상을 위한 조사는 통계학과는 다릅니다. 대략적인 경향이나 차이를 알기 위해서는 확실히 일정 정도의 N수가 필요하지만, 대량의 인원을 조사할수록 '아이디어'를 얻기 쉽다는 말은 오해입니다. 'N=1' 즉, 한 개인을 구체적이고 철저하게 파고들지 않으면 아이디어를 얻을 수 없습니다. 통계학적 이론만으로는 마케팅의 한계에 부딪힙니다.

▶ 통계와 논리만으로는 좋은 아이디어가 나오지 않는다

'N=다수'의 조사에서 얻을 수 있는 결과는 평균치이자 최대공약수일 뿐입니다. 이것으로는 사람의 마음을 사로잡는 상품 개발도 마케팅 활동도 하기 힘듭니다. 누구도 강하게 부정하지는 않지만 누구도 강하게 지지하지도 않는, 무난하고 이미 나왔던 마케팅을 반복하게 될 뿐입니다. 이런 평균적이고 최대공약수적인 전략으로 투자를 거듭하다가, 이익을 더 얻지 못하는 상품으로 전락하는 케이스를 저는 자주 봤습니다.

이것을 저는 '매스사고'라 부릅니다. 매스미디어를 사용하는 매스마케팅이 문제가 아니라, 최대공약수를 추구하는 '매스사고'가 문제입니다.

저도 이 '매스사고'에 사로잡혀 있던 시절에는 많은 실패를 겪었습니다. 통계적이고 논리적으로 완벽하게 분석한 이후 마케팅을 해도 성공하지 못했습니다. 상품 기획이나 마케팅 계획을 세울 때 양적 조사 결과를 가장 중요한 기준으로 판단했기 때문입니다. 이렇게 하면 '엣지'가 없는 마케팅이자 타협적인 마케팅이 되어버리기 십상입니다. 이런 방법으로는 효과적인 '아이디어'를 발견하기 힘들기 때문이죠.

마케팅을 할 때 누군가의 선물을 고르는 거라고 한번 생각해봅시다. 성공하는 마케팅은 모든 것을 '한 사람의 고객'(N=1)을 기준으로 생각하고, 그 사람의 라이프스타일을 깊이 이해하는 것에서 시작합니다. 기획과 마케팅은 철저하게 N1을 기점으로 해야 합니다. 평균치나 최대공약수에서 추출한 데이터가 아닌, 독자성이 있는 '프로덕트 아이디어'와 '커뮤니케이션 아이디어'를 파고드는 것이 중요합니다.

물론 마케팅과 선물 고르기는 다릅니다. 단 한 사람만 기쁘게 하고 끝난다면 성공한 마케팅이 아니죠. N1 마케팅을 바탕으로 '아이디어'가 나왔다면 그것이 다른 다수의 사람들에게도 유효한지를 테스트 마켓에서 검증하고 양적 설문조사도 한 다음에 투자해야 합니다. 또한 그 결과 초래될 고객의 행동 변화와 심리 변화를 평가하고, 거기서 배운 것을 쌓아가며, 지속적인 사업 성장을 실현해야 합니다. 그리고 거시적인 안목으로도 고객의 심리 변화를 파악해서 기회와 리스크를 양적으로 산정하는 것도 중요합니다. 즉, 거시적 평가와 N1분석이라는 미시적 평가, 양쪽 시점을 다 빠트리면 안 됩니다.

● 평균에 맞추면 아무도 만족시킬 수 없다

한 사람의 고객에게 주목하는 것을 걱정하는 분도 적지 않습니다. 많은 분들이 '그렇게 하면 너무 틈새시장만 공략하는 것이다', '그런 리스크를 안을 수는 없다'며 좁혀서 사고하는 것을 주저합니다. 하지만 그런 분들에게 우리 주변을 둘러보라고 말하고 싶습니다. 우리가 사용하고 있는 상품이나 서비스 대부분은 따지고 보면 '특정한 어느 한 사람을 기쁘게 하는 것, 행복하게 하는 것, 편리하게 하는 것'이라는 걸 알 수 있을 겁니다. 그 특정한 누군가가 자기 자신인 경우도 있습니다. '내가 갖고 싶어서 만들었다'라는 에피소드는 상품 개발의 뒷이야기를 다룬 기사의 단골 메뉴입니다.

실제로 제가 스마트뉴스와 병행해서 맡고 있는 컨설팅 사업 등에서 N1 마케팅을 소개하면, 특히 기업의 창업자들이 많은 지지와 공감의 메시지를 보내줍니다.

그들 대부분은 '내가 갖고 싶은 것을 내 멋대로 만들었더니 회사가 커졌다'며 지금의 자리에 이르게 된 경험담을 풀어놓습니다. 역설적이게도, 철저하게 N1으로 대상을 좁혀서 마케팅 플랜을 짜다 보니 강력한 독자성과 편익성을 갖춘 '프로덕트 아이디어'를 만들 수 있게 된 것입니다. 평균적이고 최대공약수적인 기획에서 나온 물건은 어느 순간 존재감 없이 사라지고 맙니다. 한 사람에게 주목해서 나온 것이지만 결국엔 다른 많은 사람들에게 영향을 미치게 되는 강력한 '아이디어'를 붙잡아야 합니다.

【 1장 핵심 메시지 】

❶ 마케팅에서 말하는 '아이디어'는 단순한 '발상'이 아니라 독자성과 편익성의 조합이다.

❷ '프로덕트 아이디어'와 '커뮤니케이션 아이디어'는 다르다

❸ '프로덕트 아이디어'의 초기 인지도를 누가 잡느냐에 따라 성공 여부가 뒤집힌다.

아이폰으로 살펴본 '아이디어' 변천사

"프로덕트 아이디어 자체가 셀링포인트면 커뮤니케이션 아이디어는 필요 없다"

애플 광고를 떠올려보면 많은 사람들이 비슷한 이미지를 떠올립니다. 화면의 크기나 카메라의 화질 등 강조하는 포인트는 매번 다르지만, 언제나 일관되고 직접적으로 제품 자체의 매력을 어필합니다. 공들인 부분이라고 해봤자, TV 광고에 흐르는 음악 정도라 할 수 있죠. 이렇게 일관된 광고 콘셉트로 '애플은 광고를 참 잘해, 브랜딩이 훌륭해'라는 평가를 받고 있습니다. 그것도 부정할 수는 없지만, 1장에서 소개한 '아이디어'의 정의라는 기준에서 해석해보면 다른 시각도 가능합니다. 아이폰의 광고 커뮤니케이션 아이디어는 모두가 잘 알고 있으니, 이것을 예로 들어보겠습니다.

아이폰이 등장한 2007년, 광고 콘셉트는 '전화를 걸 수 있는 아이패드'였습니다. 지금은 스마트폰의 개념이 손 안에 들고 다니는 개인용 컴퓨터지만, 아이폰 발매 당시에는 어디까지나 '전화' 기능이 중요했다는 것을 알 수 있습니다. 와이어드 일본판(WIRED.jp) 기사에 따르면, 당시 애플의 한 간부가 아이팟과 휴대전화를 다 갖고 다니는 사람을 보고, '언젠가는 한 대가 되겠지'라고 생각하면서부터 아이폰 개발에 이르렀다고 합니다.

실제로 2007년 1월에 아이폰이 발매되었을 때, 스티브 잡스가 강조한 기능은 터치 조작에 의한 와이드 스크린의 아이팟, 혁신적인 휴대전화, 그리고 획기적인 인터넷 커뮤니케이션 디바이스라는 3가지였습니다. 특히 킬러 앱(Killer App, 시장에 등장하자마자 다른 경쟁 제품을 몰아내고 시장을 완전히 재편할 정도로 인기를 누리고 투자 비용의 수십 배 이상의 수익을 올리는 상품이나 서비스)은 전화 기능이라고 강조하고, 무대에서 전화 회의를 실연한 것은 유명합니다.

아이팟 자체가 시장에 비슷한 것이 없다는 '프로덕트 아이디어'를 갖고 있지만, 아이폰의 '프로덕트 아이디어'는 '사진과 음악을 보존, 휴대할 수 있는=아이팟 원래의 독자성' 그리고 '전화도 가능한=새로운 편익성'이었다고 해석할 수 있습니다. 이 아이디어는 아이팟의 독자성을 지렛대로 삼은 전화의 재발명에서 출발했습니다.

*

하지만 지금은 어떻습니까. 이제 '아이폰=전화'라고 생각하는 사람은 거의 없을 것입니다. 3번째였던 인터넷 커뮤니케이션 디바이스의 측면이 점점 더 커져서, 아이폰은 이제 전화가 아니라 모바일 컴퓨팅의 기수가 되었습니다. 당연하게도 계속해서 경쟁자가 등장하기는 하지만 '아이팟+전화'로부터 최근 10년에 걸쳐 항상 유저의 니즈를 파악하고, '프로덕트 아이디어'가 쇄신되고 있다는 점, 그것을 그대로 전달하는 '커뮤니케이션 아이디어'로 지금도 강력한 지지를 얻고 있습니다.

광고의 포맷이나 보이는 것 자체는 초기와 거의 달라지지 않았습니다. 광고 자체는 심플하고 매력적이긴 하지만, 오해를 감안하고 말해보면, '커뮤니케이션 아이디어' 자체에 크게 독자성이 있거나 크리에이티브하지는 않다고 생각합니다. 일부러 색다르게 만들거나 유명인을 기용하지 않고, 하물며 프로덕트와 관계없는 스토리나 드라마성도 담지 않으면서 그저 그 시점에서 생각하는 '프로덕트 아이디어'의 일부를 꺼내서 전달하고 있을 뿐입니다.

광고의 톤과 포맷이 항상 일정하고 세련됐기 때문에 브랜딩을 잘한다고 평가받지만, '아이디어'의 기준으로만 평가한다면 애플은 절대 '커뮤니케이션 아이디어'가 훌륭해서 지금의 위치에 오른 것이 아닙니다. 애초에 '프로덕트 아이디어' 자체가 훌륭하다는 점은 누구나 납득할 것입니다. 프로덕트 중심의 개발을 철저히 하고, 그것을 직접적으로 전달하고 있기 때문에 통하는 것입니다. 이것은 1장에서 이상적이라고 말한 '프로덕트 아이디어'=독자성과 편익성이 강하기 때문에 '커뮤니케이션 아이디어'로 생각을 짜낼 필요가 없었다, 라는 상황으로 해석할 수 있겠습니다.

그러나 잡스의 사망 이후, 모바일 디바이스의 경쟁은 점점 심해지고 동질화와 저가 브랜드의 등장으로, 애플조차 압도적인 '프로덕트 아이디어'를 만들어내기 어려워졌습니다. 2018년 연말에 아이폰의 판매 감소 발표로 주가가 하락한 것은 '프로덕트 아이디어'의 과제라고 생각합니다. 굳이 이론적으로 분석해보지 않아도 유저들은 '아이디어'가 없는 제품에는 관심을 잃어가게 마련입니다. 앞으로 애플이 어떤 새로운 '아이디어'로 고객의 마음을 붙잡을 것인지 기대됩니다.

N1
Marketing

2장

[기초 편]
고객 피라미드를 그려라

이 장에서는 '고객 기점 마케팅'의 기본적 프레임워크인 '고객 피라미드(5세
그맵)'의 작성법과 운용법을 소개합니다. 이것은 마케팅의 대상인 기존 고객
과 잠재 고객을 모두 수치화해서 5개층으로 분류하는 것입니다. 그리고 'N1
분석'과 '아이디어' 발상, 전략 개발을 통해 전략적인 마케팅을 실천합니다.

2-1 고객 피라미드는 왜 작성해야 할까?

⏩ 기본 개념과 작성법

기업들은 다양한 고객 분석이나 분류를 실시하고 있습니다. 저도 지금까지 다양한 프레임워크를 시도해봤지만, 그중에서도 가장 단순하면서도 대중성이 높았던 것이 바로 이 '고객 피라미드'입니다. 이것은 상품이나 서비스의 고객층 전체를 다음의 5개 세그먼트로 분류하는 방법입니다.

- 충성 고객
- 일반 고객

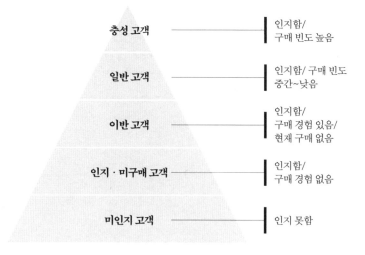

충성 고객 —————— 인지함/
구매 빈도 높음

일반 고객 —————— 인지함/ 구매 빈도
중간~낮음

이반 고객 —————— 인지함/
구매 경험 있음/
현재 구매 없음

인지 · 미구매 고객 —————— 인지함/
구매 경험 없음

미인지 고객 —————— 인지 못함

< 그림 2-1 > 고객 피라미드

- 이반 고객

- 인지, 미구매 고객

- 미인지 고객

이 피라미드는 마케팅 투자 대상인 잠재 고객층을 포함한 타깃 전체를 포괄적으로 파악하고 있습니다. 또한 현재의 고객뿐 아니라, 이반 고객 및 인지는 하고 있지만 한 번도 산 적이 없는 미구매자, 또한 브랜드를 인지하지 못한 사람도 포함하고 있습니다. 이것은 다음의 간단한 3가지 설문조사로 작성

할 수 있기 때문에, 비용이 적게 드는 인터넷 조사로도 가능합
니다.

1. 그 브랜드를 알고 있는가?(인지)

2. 지금까지 산 적이 있는가?(구매)

3. 어느 정도 빈도로 구매하고 있는가?(매일, 매월, 3개월에 한 번, 현

   재는 구매하지 않는다…… 등의 구매 빈도)

예를 들어 20~40대 여성을 타깃으로 하는 브랜드라면,
20~40대 여성을 대상으로 위의 조사를 실시해서 구매 빈도
를 기준으로 충성 고객과 일반 고객으로 나눕니다. 여기서 빈
도는 주관적으로 정해도 좋습니다. 만약 매일 사용하는 스킨
케어 제품이라고 한다면, 보통 2~4개월에 1번씩 구매한다고
보고, 1년에 2개 이상 구매하는 고객을 충성 고객, 1년에 1개
이하를 일반 고객으로 분류할 수 있습니다(그림 2-2).

이 비율에 시장의 모수(母數)로서 실제 20~40대 여성 인구
를 곱하면(일본의 경우는 총무성 통계국의 인구추계), 5개 고객층
의 인원을 파악할 수 있습니다. 스킨케어 제품을 사용하지 않
는 사람을 배제했다면, 스킨케어 사용률을 연령대별로 곱하
기만 하면 됩니다.

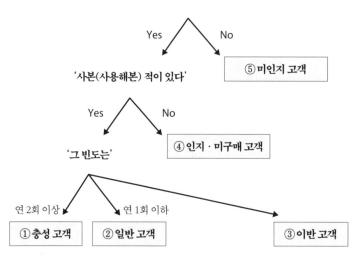

브랜드 A를 '알고 있다'

Yes / No

'사본(사용·해본) 적이 있다'   ⑤ 미인지 고객

Yes / No

'그 빈도는'   ④ 인지 · 미구매 고객

연 2회 이상   연 1회 이하

① 충성 고객   ② 일반 고객   ③ 이반 고객

< 그림 2-2 > 고객 피라미드 작성을 위한 조사 트리

어플 등 무료 서비스의 경우라면, 앞에서 말한 질문으로 사용 경험 및 사용 빈도를 물어봅니다. 스마트뉴스와 같은 뉴스 앱이라면, '매일 사용자'가 충성 고객, 매일 사용자를 뺀 나머지 '매월 사용자'가 일반 고객이 되고, 그 이하의 빈도 이용자는 이반 고객으로 분류됩니다. 이때, 시장의 모수는 18세부터 69세까지의 남녀 모두입니다.

여기서 사용하는 '인지'의 의미는 단순히 이름을 알고 있다는 정도가 아니라 편익성을 알고 있는지까지를 포함합니다.

설문조사에서 '이 카테고리에서 알고 있는 브랜드명을 말해 주세요'와 같은 설문으로 확인할 수 있는 인지도를 말합니다. 스마트뉴스의 경우라면, '뉴스 앱 중에 알고 있는 브랜드 이름 에 답해주세요'라는 설문으로, 경쟁사를 포함한 대상 브랜드 명을 모두 선택지로 제시한 후에 그중에서 고르게 하는 것입 니다. 대단히 단순한 프레임워크지만, 중장기적으로 마케팅 투자가 가능한 대상 전체가 가시화되어 다양한 분석을 할 수 가 있습니다. 동시에 단기뿐 아니라 중장기적인 전략 논의가 가능해집니다.

◑ 매출의 상위 집중 현상, 2080 법칙

'상위 고객 20%가 전체 매출의 80%를 만들어낸다'는 말을 자 주 듣습니다. 이것을 '2080 법칙'(파레토의 법칙)이라고 표현 하기도 합니다. 이 법칙은 성립하지 않는다는 지적도 있지만, 그것은 구매 빈도를 계산에 넣지 않고, 단기적으로 봤을 때 의 이야기입니다. 중장기적으로 여러 번의 구매 사이클을 파 악해보면, 거의 모든 상품과 서비스에서 '2080' 혹은 '3070', '1090' 등의 상위 집중 현상이 나타납니다(그림 2-3).

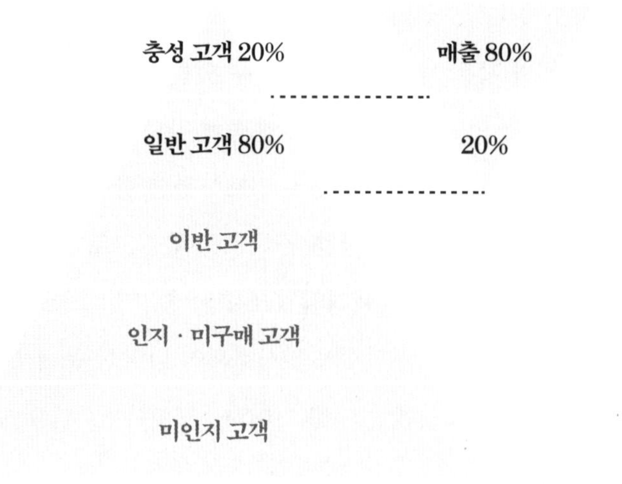

충성 고객 20%   매출 80%

....

일반 고객 80%   20%

....

이반 고객

인지 · 미구매 고객

미인지 고객

< 그림 2-3 > 매출의 상위 집중 현상 피라미드

구매 사이클이 1~2개월 정도인 카테고리에서는 1년 이상의 기간에 걸쳐 봤을 때(구매 사이클 6회 이상) 이 법칙이 성립합니다.

반면, 구매 사이클이 긴 상품, 예를 들어 자동차처럼 구매 사이클이 6~7년인 상품의 경우에는 10년 이상의 단위가 아니면 이 법칙을 발견하기 어렵습니다. 브랜드의 설립 초기라서 구매자 자체가 아직 적은 경우나, 구매자 수가 급속하게 신장하거나 축소되는 기간에는 상위 집중이 크게 바뀝니다. 단, 앞서 말한 것처럼 여러 번의 구매 사이클을 포함하는 기간으로 본다면, 이 법칙은 반드시 나타납니다.

'2080 법칙'에 대해 한 가지 더 강조하고 싶은 것은, 단순히 매출의 많은 부분을 충성 고객이 차지하고 있다는 것뿐만 아니라, 이익 면에서는 더욱더 많이 상위 집중 현상이 발생한다는 것입니다. 의외로 놓치기 쉽지만, 이 점을 반영하지 않으면 마케팅 투자가 제대로 이루어지기 어렵습니다.

● 고객은 언제나 다이내믹하게 이동한다

거의 모든 브랜드에서 상위 10~30%의 고객이 대부분의 매출 내지는 이익에 공헌하고 있습니다. 그렇다고 해서 하위 70~90%의 고객이 무시해야 할 존재인 것은 아닙니다. 중장기적으로 본다면, 고객은 다이내믹하게 이동합니다. 각각의 층을 오갈 뿐 아니라, 경쟁 상품과 대체 상품으로 이동하기도 하고, 여러 층에 걸쳐 있는 경우도 발생합니다.

어느 시점에는 자사의 일반 고객이 경쟁사의 충성 고객이 되기도 하고, 그 반대 현상도 일어납니다. 충성 고객도 중장기적으로는 일정 비율로 이반 고객으로 변하기 때문에, 신규 고객 획득과 기존 고객의 충성 고객화, 이 두 가지를 동시에 실현하지 않으면 매출 규모는 점점 줄어듭니다.

일본의 경우 90년대 전반까지는 소비 인구 자체가 늘어나고 있었기 때문에 자연스럽게 신규 잠재 고객도 일정 비율로 증가했습니다. 그래서 충성 고객 향상을 위한 정책과 CRM(Customer Relationship Management, 고객관계관리) 중심의 성장이 가능했습니다. 그러나 아무리 강한 브랜드라도 일정 비율로 충성 고객의 이탈은 일어나게 마련이고, 소비 인구가 줄어드는 상황에서는 충성도 향상만으로 고객을 100% 유지하는 것이 불가능합니다. 충성 고객층과 신규 고객층이 시기에 따라 골고루 잡히도록 전략을 구축해야 합니다.

◉ 누가 얼마만큼의 이득을 가져다주는가

고객 피라미드를 작성하면, 상위 2개 층의 세그먼트가 연간 얼마만큼 매출에 공헌하고 있는지 대략적으로 파악할 수 있습니다. 자사에서 파악하고 있는 충성 고객과 일반 고객의 실구매 데이터를 바탕으로, 각 고객 세그먼트의 평균 연간 구매액을 산출하여 사람 수를 곱하면 대략적인 매출액이 나옵니다.

또 이 2개 층의 현재 고객 세그먼트와 그 이하 3개의 세그

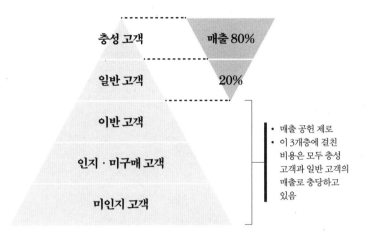

충성 고객　　　매출 80%

일반 고객　　　20%

이반 고객

인지 · 미구매 고객

미인지 고객

- 매출 공헌 제로
- 이 3개층에 걸친 비용은 모두 충성 고객과 일반 고객의 매출로 충당하고 있음

< 그림 2-4 > 복수의 구매 사이클로 봤을 때 비용 부담률

먼트에 투자한 비용을 추산하면, 5개 세그먼트 각각의 비용과 영업이익을 계산할 수 있습니다. 하위 3개 층은 현 시점에서 는 매출이 없기 때문에, 이익도 당연히 없습니다. 프로모션에 든 비용은 모두 상위 2개 세그먼트의 고객이 만들어낸 이익 으로 충당하고 있다고 할 수 있습니다(그림 2-4).

그것을 바탕으로 전체 세그먼트에 대한 비용을 산출합니 다. 우선 충성 고객 프로그램이나 CRM이라면 상위 1개 층이 나 2개 층에만 해당하기 때문에, 대상자에 따라 1개 층만, 혹 은 양쪽에 인원수대로 부여합니다. TV나 PR과 같은 매스미 디어 투자라면, 현재 고객 이외의 대상에게 홍보할 수 있으니,

	더 강력한 충성화 대책	충성화 대책	구입 경험자 리타깃팅	접촉 있는 미구입자 리타깃팅	매스미디어 광고	PR
충성						
일반						
이반						
인지·미구매						
미인지						

※표의 짙은 부분 : 가로축의 각 대책이 타깃으로 하는 세그먼트

	★대상 마켓 모수에 대한 비율	더 강력한 충성화 대책	충성화 대책	구입 경험자 리타깃팅	접촉 있는 미구입자 리타깃팅	매스미디어 광고	PR	★합계액
비용		A	B	C	D	E	F	
충성	1%	①				②		④
일반	3%							
이반	6%							
인지·미구매	30%							
미인지	60%					③		⑤

① A는 모두 충성 고객 대상이기 때문에 전액이 충성 고객에 해당하는 투자액
② E는 모두가 타깃이기 때문에 (E×1%) 가 충성 고객에 해당하는 투자액
③ 위와 같음, (E×60%)가 미인지 고객에 해당하는 투자액
④ 충성 고객에 대한 투자액 = A+(E×1%)+(F×1%)
⑤ 미인지 고객에 대한 투자액 = (E×60%)+(F×60%)

< 그림 2-5 > 각 세그먼트에 대한 대책 파악(위)과 비용 계산법(아래)

전체 세그먼트의 인원수대로 평균적으로 할당합니다. 만약 대상 고객 전체 중의 1%가 충성 고객, 60%가 미인지 고객이라면 TV 광고 같은 미디어 투자 비용은 충성 고객에는 전체 투자의 1%, 미인지 고객에는 60%라는 계산이 나옵니다. 여기에 디지털 미디어를 통한 타깃팅을 하고 있다면, 각각의 고객층에 할당합니다. 또한, 판매 촉진 활동도 소매점의 고객 수 커버리지와 실구매자 수의 차이를 통해 상위 4개의 세그먼트로 나눌 수 있습니다(그림 2-5).

이렇게 하면 각각의 고객층에 얼마를 투자하여 얼마의 매출을 만들어내고, 이익에 공헌하는 값은 얼마가 되는지, 그 추정 값이 각각의 세그먼트별로 보입니다. 어디까지나 추정 값이지만, 매출뿐만 아니라 비용과 이익의 관계를 고객 피라미드로 파악하면 마케팅 투자 전략에 크게 활용할 수 있습니다.

◐ 어느 세그먼트에 얼마를 써야 할지 파악하기

지금까지 제가 참여했던 사업에서는 많은 경우 매출과 이익의 상위 집중 현상이 일어났습니다. 예를 들어 록시땅에서는 점포 비용과 점포 직원을 포함한 판매 관리비를 총 접객 시간

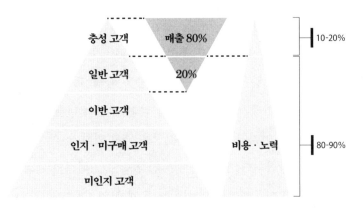

< 그림 2-6 > 비용과 노력의 대부분을 20%의 매출 획득에 들이고 있다

으로 나누었을 때, 이익 공헌이 상위 고객층에 집중돼 있었습니다. 1년간 구매자의 상위 약 16%가 전체 매출의 42%, 이익의 100%를 차지하고 있었던 겁니다.

즉, 충성 고객층 이외 고객에게 투자한 마케팅비는 모두 충성 고객층이 만들어낸 이익으로 충당하고 있었다는 거죠. 이렇게 생각해보면 충성 고객 외의 고객에게 쓴 마케팅 비용은 매출 공헌도가 현저하게 낮거나 적자로 남습니다(그림 2-6). 그 사실을 가시화하면, 현재 일반 고객에게 들이는 마케팅 비용을 없애야 할지 줄여야 할지, 혹은 중장기적인 LTV(lifetime value, 고객평생가치)로 보고 투자를 지속해야 할지를 검증할 필요성이 명확해집니다.

중장기적으로 투자 가치를 정확하게 검증하기 위해서는 재무 분석과 콘셉트 테스트 등이 필요합니다. 우선은 고객 피라미드에서 세그먼트별로 '고객 수', '연간 매출', '비용' 그리고 '이익'을 파악하면, 고객 기점의 투자 검증이 가능해집니다. '어느 고객 세그먼트를 타깃으로 하는가', '무엇을 목적으로 투자해야 하는가', '언제까지 무엇을 달성해야 하는가'라는 문제를 5개의 고객 세그먼트별로 논의할 수 있습니다.

그와 반대로, 고객 피라미드가 없는 상태에서 매출과 이익을 올리려고 하면 비용과 노력을 분산시킬 뿐입니다. 이익을 올리기 위해 단순히 비용을 삭감하고 매출을 떨어트리는, 급락 현상을 부르기 쉽습니다.

고객 피라미드를 시간축으로 따라가보면, 각 세그먼트별로 고객이 얼마나 늘고 있는지가 보입니다. 또한 어느 층의 매출이 오르고 있고, 어느 층에서 이익이 나오는지를 대략 파악할 수 있어 마케터가 현재부터 중장기적으로 무엇을 해야 하는지가 명확해집니다.

● 기존 고객만을 타깃으로 삼으면 성장할 수 없다

고객 분석이라고 하면, 구매 정보를 바탕으로 고객을 세 가지로 분류하는 'RFM 분석'이 유명합니다. Recency(최근에 언제 구매했는가), Frequency(구매 빈도), Monetary(구매 금액)라는 세 가지 축으로 고객 세그먼트를 분석하는 방법입니다. 또는 연간 구매액이나 구매 수로 고객 세그먼트를 분석하는 경우도 많습니다.

이런 분석 방법은 현재의 고객 상황을 파악하기에는 효과적입니다. 그런데 이 분석만 하게 되면 고객 피라미드의 2개 층(충성 고객과 일반 고객)에 모든 것이 집중되기 쉽습니다. 이반 고객에 대한 대책을 어떻게 세워야 할 것인지, 인지 · 미구매 고객을 어떻게 고객으로 만들 것인지, 미인지 고객의 인지를 도우려면 어떻게 해야 할지와 같은 중장기적으로 성장에 반드시 필요한 사항들이 빠져 있습니다.

그 결과, 기존 고객의 구매 빈도 및 구매액을 상승시키는 대책으로 빠지기 쉽고, 판매 촉진이나 CRM 활동에만 몰두하게 됩니다. 이런 단순한 반복만으로는 지속적인 성장이 어렵습니다.

실제 시장에서는 과거에 구매한 적은 있지만 지금은 소원

해진 이반 고객, 또한 브랜드는 인지하고 있지만 아직 구매한 적이 없는 고객, 인지조차 하지 못한 고객이 수없이 존재합니다. 각 고객에게는 저마다 다른 기회가 있고, 각각의 전략이 필요합니다. 그러나 현재의 구매 데이터를 RFM 분석하는 것만으로는 이런 기회를 생각할 수도 없기 때문에 현재 갖고 있는 고객을 타깃으로 한 마케팅만 더욱 압박하는 결과를 낳기 쉽습니다.

원래 세상의 모든 상품과 서비스는 그 브랜드를 인지하고 있던 고객이 어떤 사건이나 심리적 변화를 일으킬 계기를 만나면서 비로소 쓰이기(구매, 사용) 시작합니다. 그러므로 우선 '고객의 머릿속에 어떻게 이 브랜드를 인지하게 만들까?' 또는 '고객의 마음속에 어떤 심리적 계기를 일으켜야 할까?'가 마케팅의 기본입니다. 이 승부수는 기존 고객만을 타깃으로 삼은 RFM 분석으로는 나올 수가 없습니다.

당연히 각 고객의 세그먼트에 따라, 전략과 투자 계획, 수익까지의 예상 기간 등등 모든 요소가 달라집니다. 따라서 중장기적인 브랜드로 육성하기 위해서는 각 세그먼트별로 고객들의 증가와 감소, 동향 등을 잘 파악하는 것이 중요합니다.

2-2 행동 데이터와 심리 데이터 분석

◉ 행동 데이터의 종류

고객을 크게 5개의 세그먼트로 나누어봤습니다. 이것을 활용하여 각 세그먼트별로 좀 더 상세한 고객 분석을 진행해보겠습니다. 이 분석에서 중요한 것은 고객의 '행동 데이터'와 그 행동의 이유가 되는 '심리 데이터'를 다 분석해보는 것입니다.

행동 데이터는 POS 데이터, 회원카드 정보, 유료로 구입할 수 있는 외부 데이터의 구매 정보(아이템, 장바구니 사이즈, 타이밍, 장소, 점포, 빈도)가 대표적입니다. 또한 인터넷상의 행동에 대해서도, 외부의 벤더 서비스나 DMP 등을 통해서 이메일

개봉률, 회신율, 웹이나 앱의 접속 정보, 소셜 로그, 쿠키 정보, 자사 EC에서의 구매 정보 등을 취할 수 있습니다. EC 사업에서는 고객별로 모든 마케팅 활동이나 브랜드와 접점이 있는 고객의 행동 데이터를 파악하고 있습니다. 고객의 미디어 접촉 데이터나 구매 경로, 경쟁 브랜드의 구매 행동 데이터에 대해서는 양적 설문조사를 통해 얻을 수 있습니다.

행동 데이터 분석을 통해 최적의 타이밍에 최적의 마케팅을 시행하면, 매출과 이익으로 이어집니다. 특히 EC 사업이나 단품 유통업계는 고객의 행동 데이터를 상세하게 분석하고 실시간으로 AB 테스트를 반복하면서 이익성이 높은 비즈니스를 구축하고 있습니다.

하지만 행동 데이터 분석만으로는 아직 충분하지 않습니다. 그 행동을 좌우하는 '심리적 이유'가 뭔지 깊이 파고들어야 제대로 된 대책을 세울 수 있기 때문입니다. 이유를 알지 못해도, AB 테스트를 반복하면 좀 더 최적의 마케팅 플랜을 짜는 것이 가능합니다. 하지만 그것은 골대가 보이지 않는 상황에서 많은 슛을 던지는 것이나 마찬가지입니다. 또한 A라는 대책이 적중했다고 하더라도, 진짜 심리적 이유를 알지 못하면 실행하기도 힘들고 투자를 확대하기도 쉽지 않습니다.

◖ 심리 데이터의 종류

그래서 고객들의 행동 안에 숨어 있는 심리를 파악하기 위해서 인지를 포함한 심리 데이터 분석이 필요합니다. 심리 데이터란, 고객의 머릿속에 있는 인지나 이미지, 빈도 등의 심리 상태를 대상으로 합니다. 행동으로 보이는 것과는 반대로, 보이지 않는 마음속의 상태라고 말할 수도 있습니다. 우선, 양적 설문조사로 데이터 분석을 합니다. 대표적인 질문은 다음의 다섯 가지입니다.

1. 브랜드 인지도(브랜드명을 알고 있는가?)

2. 브랜드 선호도(그 브랜드를 사고 싶다, 또는 사용하고 싶다고 생각하는가?)

3. 속성 이미지(형용사나 수식어, 의인적 표현으로 어떻게 인식하고 있는가, 어떠한 기능 이미지나 편익성을 느끼고 있는가? 예를 들어 편리하다, 멋지다 등등)

4. 미디어 접촉 상태(매스미디어, SNS 등의 디지털 미디어를 포함, 평상시의 미디어 접촉 습관이나 신뢰도)

5. 광고의 인지 경로(언제, 어디에서, 어떤 미디어, 기회를 통해 이 브랜드를 인지했는가? 혹은 브랜드 이미지를 형성했는가?)

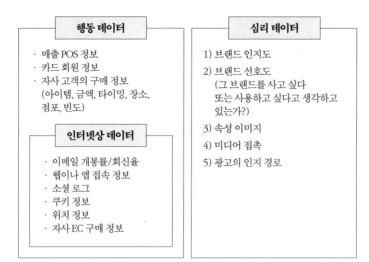

< 그림 2-7 > 행동 데이터와 심리 데이터

2에 관해서는 설문의 선택지를 단일 답변 혹은 복수 답변으로 할지 카테고리 내의 과점 비율에 따라 결정합니다. 브랜드가 과점되어 있다면 단일 답변으로도 충분합니다. 또한 3에 대해서는 자사 브랜드 이미지에 기대하는 속성뿐만 아니라, 카테고리에서 중요한 여러 개의 속성을 제시하여 평가받도록 합니다.

그 외에도 다양한 심리 데이터가 있으며, 심층 심리를 분석하는 방법도 있지만, 앞에서 말한 1, 2, 3을 파악해두면 브랜드와 관련된 심리 상태를 대강 파악할 수 있습니다. 마케팅에서 미디어 플랜을 짜기에는 ④와 ⑤로 충분합니다(그림 2-7).

⚡ 고객 세그먼트 간의 미묘한 차이를 분석하다

이 장의 앞부분에서 고객 피라미드를 세 가지 질문으로 작성 했습니다만, 거기에 이 행동 데이터와 심리 데이터 분석을 추 가하면 5개의 고객 세그먼트 간의 차이가 어디에서 발생하고 있는지 분석할 수 있습니다. 그렇게 되면 각 고객 세그먼트별 로 행동과 심리의 차이가 보입니다. 이것을 종합적으로 분석 해보면 각 세그먼트별로 써야 할 전략이나 마케팅 포인트를 발견할 수 있습니다.

예를 들어 서장에서 말한 '하다라보'의 경우(27쪽 참조), 충 성 고객의 N1 분석을 해보면 '끈적임이 보습의 증거', '가격이 저렴해서 매일 펑펑 쓸 수 있다'라는 심리를 알 수 있습니다. 그 반면에 일반 고객은 보습력은 좋게 평가하고 있었지만, 끈 적임에 대해서는 부정적이라 매일 사용하지는 않았습니다.

그래서 일반 고객에게도 '끈적임이 보습의 증거라고 알려 주면 충성 고객이 되지 않을까?'라는 가설을 세웠습니다. 끈

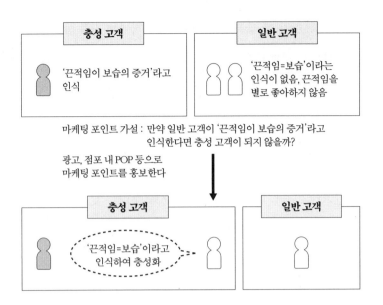

＜그림 2-8＞ **고객 세그먼트별 비교 분석으로 마케팅 포인트 이끌어내기**

적임이 신경 쓰이거나 심리적으로 저항감이 있는 사람도, 납
득할 만한 이유가 있으면 받아들일 거라 생각한 것입니다. 그
리고 실제로 POP 등에 뺨이 손에 달라붙는 이미지를 넣어서
이 상품의 끈끈한 특징을 강조했더니, 일반 고객이 충성 고
객이 되는 비율이 생각보다 훨씬 많았고 매출도 크게 늘었습
니다.

그와 동시에 원래부터 끈적임 자체를 싫어하는 사람에게는
이 접근법이 효과가 없다는 것을 알게 되어, 라이트 타입을 새

로 발매했으며 이 상품도 일정 수의 고객에게 꾸준히 인기를 끌었습니다(그림 2-8).

만약 여기서 충성 고객과 일반 고객을 구별하지 않은 채로 설문조사를 했다면, 아마도 '끈적이는 걸 싫어하는' 사람들을 위한 라이트 타입만을 대안 상품으로 만들어 프로모션했을 것입니다.

그런데 라이트 타입은 오리지널 상품보다는 보습력이 떨어지기 때문에 이탈하는 비율도 높아집니다. 이렇게 이탈하는 고객 중에는 보습력을 충분히 알렸다면 충성 고객이 되었을 고객 비율도 높기 때문에 결과적으로 매출이 감소했을 거라 예상할 수 있습니다.

이 때문에 각 고객 세그먼트별로 심리 데이터와 행동 데이터가 어떤 차이가 있는지 분석하는 것은 반드시 의미가 있습니다. 세그먼트별로 어떤 미묘한 심리 차이가 있는지를 구체적으로 파악하고 그 마음속에 들어갈 수 있는 방법을 고민해본다면 단기간에 다수의 마케팅 가설을 만들어낼 수 있습니다.

◉ 속마음 패턴은 왜 이렇게 중요할까?

그렇다면 심리 패턴 즉 속마음 패턴이 왜 이렇게 중요한지 알아볼까요? 어떤 행동의 이면에는 그 브랜드나 서비스에 대한 인지 상태, 심리 상태가 있습니다. 그 심리가 어떤 행동으로 표출되는지, 어쩌다가 그런 심리를 갖게 되었는지를 이해하면 새로운 전략을 만들기 쉬워집니다.

그런데 만약 지금까지 하던 대로 행동 패턴만 파악해서 마케팅 전략을 짜면 어떻게 될까요? 그럴 경우 계속해서 같은 방식의 충성 고객화 전략 또는 AB 테스트를 반복하는 소모전이 이어지거나 가격 정책을 조정하는 일만 반복하게 됩니다.

만약 어떤 사건이나 특정 장점이 계기가 되어 고객의 심리에 변화가 생겨나 일시적으로 매출이 올랐다고 해도 마찬가지입니다. 그 이면에 들어 있는 속마음을 제대로 파악하지 못하면 재구매할 확률이나 고객층을 확장할 기회를 갖지 못합니다.

그런데 의외로 이것을 잘 하지 못하는 업계가 많습니다. 특히 디지털 비즈니스업계에서는 행동 데이터 분석과 활용은 철저하게 하면서 심리 데이터 분석은 아예 하지 않기도 해서 성장의 기회를 잡지 못하는 경우가 많습니다.

◐ 데이터만으로는 알 수 없는 인간의 심리

그렇다고 심리 데이터가 만능인 것은 아닙니다. 양적 조사를 통해 파악한 심리 데이터에는 한계가 있습니다. 브랜드 인지도 자체는 양적 조사로 파악할 수 있지만, 행동을 좌우하는 근본적인 심리 상태, 즉 심층 심리 안에 숨어 있는 생각이나 비논리적인 감정은 양적 데이터로 파악하기가 어렵습니다.

예를 들어 어떤 자동차를 산 고객의 경우, 설문조사에서는 TV 광고를 보고 샀다고 대답했지만, 심층 심리를 파고들어 가보면 이전에 우연히 지인의 차를 타보고 호감을 얻었다는 사실을 알게 되기도 합니다. 이렇게 특별할 것 없는 일상의 경험은 기록으로 명확하게 남지는 않지만, 구매의 큰 결정타가 되는 경우도 있습니다. 무의식 아래에 자리한 심층 심리는 흔히 말하는 '인사이트'라고도 합니다. 특히 구입을 하게 되는 결정적 동기는 바로 이런 예에서 알 수 있듯이 단순한 '쾌감' 때문인 경우가 많습니다.

그런데 이런 사실이 데이터로 나타나지 않는 이유는 대부분 행동 주체인 고객 자신이 그 깊은 속마음을 인식하지 못하기 때문입니다. 원래 인간은 자신의 행동을 합리적으로 설명하지 못하며, 기억하지 못하는 경우도 많습니다. 이런 인간을 대상으로 하는 것이 마케팅이기 때문에 양적 조사만으로는 한계가 있다는 걸 알고 있어야 합니다. 그걸 전제로 한 상태에서 고객 한 사람 한 사람의 N1 분석을 하는 것이 매우 중요합니다.

2-3 그 사람은 무엇 때문에 우리 고객이 되었을까?

▶ 록시땅의 N1 분석, '선물용 구입'

지금까지 고객 피라미드를 통해 고객을 5개의 세그먼트로 분류해서 매출과 인원수를 가시화하고, 각각의 행동과 심리 차이를 분석한 후 마케팅 가설을 세웠습니다. 이제부터는 세그먼트별로 구체적인 고객 한 사람 한 사람에게 접점을 맞춘 'N1 분석'을 해보겠습니다. 가상의 인물이 아닌, 실제로 그 세그먼트에 속해 있는, 이름이 존재하는 고객 한 사람의 생활 태도, 습관, 구매 행동을 통해 구매와 관련된 인지 및 심리 상태를 고객의 일상 속에서 파악해보는 것입니다. 이런 방식과 태도로 고객의 마음을 이해하려고 노력해서 각각의 연결고리를 찾아가보겠습니다. 이때 핵심 질문은 '언제, 어떤 계기로 그 브랜드를 알게 되었는가?/구매했는가?/충성 고객이 되었는가?'입니다. 만약 이 질문에 '예스'라고 답했다면 어떤 경험이 계기를 마련해주었는지, 어떤 다른 상품이나 브랜드를 경험했는지, 어떤 특정 정보를 받았는지 등등이 '아이디어'를 발상하는 데 큰 영감을 줍니다.

예를 들면, 2015~2016년 록시땅은 인지·미구매 고객층의 세그먼트가 커서, 이 층에 속한 고객들이 첫 구매를 하게 만드는 것이 마케팅에서 가장 중요한 화두였습니다. 그런데 N1 분석을 반복하다 보니 많은 경우, 첫 구매가 자신을 위한 것이 아니라 타인을 위한 '선물'이었다는 것을 알게 되었습니다. 그래서 '누구나 기뻐하는 선물'이라는 점을 강조해서 마케팅하자 판매량을 크게 늘릴 수 있었습니다. 명확하게 '선물'이라고 단언한 것이 독자성이고, 누구나 기뻐한다는 즉, 선물을 하는 입장에서 '적중률이 높다는' 점이 강력한 편익성으로 작용했습니다.

거기다 매장 점장 조사를 통해 간접적으로 충성 고객의 N1 분석을 해봤더니, 충성 고객이 된 계기의 상당수가 '처음으로 록시땅을 구입했을 때, 스킨케어 상품을 알게 되었고 품질이 좋다는 것을 체험했다'는 심리 데이터를 얻게 되었습니다.

또한 충성 고객과 직접 인터뷰를 해보니, 역시 첫 구매의 계기가 '친구를 위한 선물'이었으며, 그때 매장 직원에게 받은 스킨케어 샘플이 마음에 들어 본인용으로도 사게 되었다는 케이스를 발견했습니다. 그래서 선물용으로 좋다는 점을 인지·미구매자 대상으로 크게 홍보하는 한편으로, 매장에서는 선물을 사러 온 첫 구매자에게 반드시 스킨케어 샘플을 제공하는 전략, 즉 인지 획득과 사용 체험을 철저히 하도록 했습니다. 그 결과, 최초 고객자의 수와 충성 고객의 수가 동시에 늘어났습니다.

충성 고객의 속마음을 직접 들어라

이렇게 마케팅 포인트를 찾아내는 데는 특히 충성 고객층을 대상으로 한 N1 인터뷰 및 설문조사에서 얻을 것이 많습니다. 충성 고객이라는 특성상 브랜드에 대한 생각이 강하거나, 독자성과 편익성을 상당히 중요하게 느끼는 사람이 많기 때문에, 왜 구매 성향이 바뀌었는지 그 계기를 파악할 수 있습니다. 마케팅 아이디어도 여기에서 나올 확률이 매우 높습니다.

N1 분석은 사전 질문(인지, 구매 행동, 빈도)을 통해 고객 세그먼트의 조건에 맞게 고객을 분류하고 그에 해당하는 내용을 질문하면 됩니다.

회사 내에 고객 명부가 있다면 이메일로 의뢰하거나, 리서치 회사나 온라인 설문조사 서비스도 활용할 수 있습니다. 직영 매장이 있다면 매장 직원을 통해 고객에게 질문하는 것도 가능합니다. 브랜드에 따라서는 자신의 친구나 가족도 좋습니다. 중요한 것은 세그먼트의 정의에 맞는 사람을 잘 찾아내는 것입니다.

인터뷰는 심리 분석에 능하고 정보를 잘 캐내는 데 능숙한 사람이 하는 것이 가장 이상적이지만, 마케터 자신이 직접 꼭 해보기를 권합니다. 이 N1 분석의 인터뷰 스킬을 익혀두면 마케터로서의 능력도 상당히 향상되기 때문입니다.

경험이 늘수록 듣는 요령도 생깁니다. 저는 록시땅에서 일할 때 습관적으로 점장이나 매장 직원의 이야기를 들었고, 로토제약에서는 팀원들과 함께 매장을 돌며 고객과 판매 직원의 이야기를 직접 들었습니다. 컨설팅을 맡았던 브랜드에서는 매장에서 베테랑 영업 사원을 만나 몇 시간이나 충성 고객의 이야기를 듣기도 했습니다. 또한 현재 스마트뉴스에서는 타깃 고객이 넓기 때문에, 주변 친구나 회식 등에서 만나는 사람 모두에게 인지 및 사용 빈도를 확인하고 있습니다. 그리고 고객 피라미드의 어느 세그먼트에 해당되는지를 판단하여 첫 고객이나 충성 고객으로 만들 계기를 찾아내 맞춤형 '아이디어' 발상을 노리고 있습니다.

◑ 맨 처음 사용하게 된 계기에 아이디어가 숨어 있다

N1 분석은 고객 세그먼트에 따라 이해해야 할 점을 명확히 해두면 어렵지 않습니다. 충성 고객이라면 브랜드 인지·사용 의향·구매 의향을 갖게 된 계기를 시간의 흐름에 따라 물어보고, 현재의 사용 실태·만족도·경쟁 브랜드의 인식, 좋아하는 점과 싫어하는 점 등을 물어보면 됩니다. 일반 고객에게도 똑같은 질문을 해보고 충성 고객과의 차이가 무엇인지, 그 차이가 발생한 원인과 계기를 찾습니다. 마찬가지로 이반 고객에게도 같은 질문을 하고, 어떤 사건을 계기로 더 이상 구입하지 않게 되었는지를 찾아냅니다. 인지·미구매 고객에게는 우선 브랜드에 대해 설명하면서, '프로덕트 아이디어'나 '커뮤니케이션 아이디어' 자체에 매력을 느끼지 못하는 것인지, 아니면 단순히 잘 알리지 못했기 때문인지를 파악해서 홍

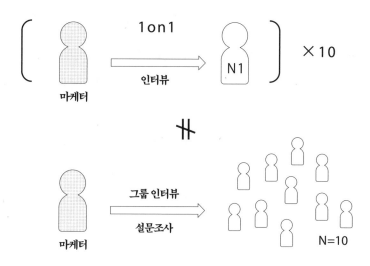

< 그림 2-9 > (N=1)×10 과 N=10 은 다르다

보에 얼마나 더 투자해야 하는지를 판단합니다.

그리고 충성 고객이 꼽은 이 상품의 장점을 알려주고 그 반응을 보면, 어디에 문제가 있는지, 어떤 계기를 제공해야 고객이 될 수 있는지가 보입니다. 먼저 충성 고객 10명을 대상으로 왜 충성 고객이 되었는지, 맨 처음에 사용하게 된 계기가 뭔지를 조사합니다. 그러면 3~4개 정도의 아이디어 후보가 반드시 나옵니다.

그리고 나서 일반 고객이나 인지 · 미구매 고객, 미인지 고객의 세그먼트에서 N1 분석을 했는데, 충성 고객층에게 얻은 아이디어가 다른 층에서 나오지 않는다면, 그 점이 바로 마케팅 포인트입니다. 이것을 '프로덕트 아이디어'로 삼고 N1 분석 인터뷰 시에 '이런 제안이 있다면 어떡하시겠어요?' 등의 질문을 해보세요. 이때 많은 사람이 호의적인 반응을 보인다면, 그 아이디어는 장차 큰 수익을 가져다줄 수 있습니다.

'N=10'의 평균적인 속마음을 발견하는 것이 중요한 게 아닙니다. 눈에 띄는 경험, 상품에 대한 특별한 생각 등을 발견하는 것이 중요합니다.

10명은 어디까지나 'N=1×개별적 한 사람'이라는 개념이지, N=10의 개념이 아닙니다(그림 2-9).

고객화 과정을 그려라

충성 고객의 N1 분석을 하다 보면, 인지, 구매, 그리고 충성 고객이 되기까지의 변천사를 파악할 수 있습니다. 한 사람씩 각각 고객이 되기까지 어떤 과정을 거쳤는지를 시간순으로 정리해보고 그 과정에서 마케터가 생각하지 못했던 지점을 발견하는 것이 중요합니다(그림 2-10). 동시에 그 배경에 있는 심리 상태, 어떻게 느꼈는가, 왜 그렇게 느꼈는가를 깊이 이해하는 것이 매우 중요합니다.

N1 인터뷰를 할 때는 실제로 눈앞에서 고객화 과정을 그려

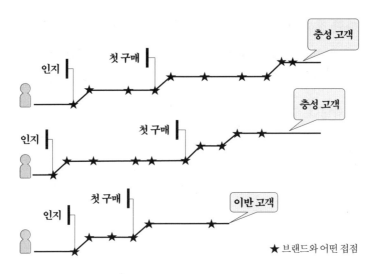

<그림 2-10> N=1의 고객화 과정 그려보기

달라고 요청하세요. 어떤 시점에 어떤 일이 있었고, 그때 어떤 기분이었다는 말을 직접 고객에게 들으면서 함께 생각해보는 것이 효과적입니다. 이때 주의해야 할 것은, 과거의 이야기라 기억이 가물가물해서 처음 사게 된 계기를 현재 이용하는 이유와 혼동하기 쉽다는 점입니다.

　예를 들어 샴푸의 경우, 상위 1위부터 5위까지 브랜드 마니아층에게 계속 구매하는 이유를 물어보면, 절반 이상이 '촉촉하고 찰랑거리는 머릿결을 만들어주기 때문'이라고 대답합니다. 하지만 이 결과를 진지하게 받아들여 그대로 광고에 반영하면 전혀 팔리지 않습니다. 그 대신에 '머릿결이 크리스탈처럼 빛난다'라든지, '아침에도 부스스하지 않고 단정한 머리'처럼 '편익성'과 '독자성'이 있는 카피를 사용해야 첫 구매가 발생합니다. 충성 고객이 된 이유(구매를 지속하고 있는 이유)와 그냥 한 번 구매해본 이유는 많이 다르기 때문에 이 점에 주의해야 합니다.

⊙ 실재하지 않는 고객 분석은 역효과

'고객화 과정'은 현재 가장 기본이 되는 마케팅 분석 도구입니다. 그러나 제가 알기로는 현장 조사를 거치지 않은 채로 상상을 통해 나온 평균적인 자료가 많습니다. 이런 자료는 마케팅에 도움이 되기는커녕, 경영 전략에 혼선을 줄 리스크를 안고 있습니다.

여러 사람이 회의실에 모여서, 혹은 합숙을 하면서 '우리 회사의 고객은 이런 사람으로……'라며 타깃 설정을 하지만, 사실 여기서 말하는 '이런 사람'은 다양한 사람들의 조합이지 실제로는 존재하지도 않는 사람입니다. 이런 회의를 할 시간에, 실재하는 충성 고객의 이야기를 더 철저하게 들어봐야 합니다. 고객이 자신의 마음을 이해하고 있는 것보다 우리가 고객을 더 이해하고 있다고 자부할 정도로 N1 분석을 해야 합니다.

이와 비슷한 문제로 '페르소나 설정'이라는 마케팅 수단이 있습니다. 이것은 브랜드 전략을 짤 때 타깃을 설정하는 것인데 사내 마케팅 기획서에도 자주 등장하고 광고 대행사나 컨설턴트에게 브리핑을 할 때도 자주 쓰입니다. 하지만 이 역시 대부분 실존하는 고객이 아닙니다. 정말 고객의 마음을 사로잡는 마케팅을 하고 싶다면 반드시 실제 이름이 있고, 실체가 있는 고객 한 사람, N1을 분석하는 데서 출발해야 합니다.

2-4 실현 가능한 '아이디어'인가?

⏩ 어떤 아이디어에서 독자성과 편익성을 느꼈을까?

충성 고객 10명을 상대로 N1 분석을 진행하면서 왜 그 사람
이 고객이 되었는지를 자세히 살펴보면 브랜드와의 첫 만남,
인지, 첫 구매(사용), 지속적 구매, 구매 빈도의 변화 등등 각
각의 과정이 모두 십인십색이라는 것을 알 수 있습니다. 고객
피라미드상에서 어떻게 아래층에서 위층으로 이동해갔는지
도 알 수 있습니다. 주로 마케팅 포인트가 맞아떨어졌거나 혹
은 사용 체험, 입소문 같은 이유 때문인데 여기서 중요한 것은
'어떤 아이디어에서 독자성과 편익성을 느꼈는가'입니다.

N1 인터뷰 때 듣게 되는 이야기 중에 미처 생각지도 못한 놀라운 것, 웃음이 나오거나 믿기 어려울 정도의 사실이 있다면, 그것이 바로 중요한 단서입니다. 이미 알고 있거나, 예측 가능한 데이터에서는 그런 단서를 발견할 수 없습니다.

이런 단서는 불시에 나타나는데 주로 지금까지 듣거나 본 적이 없는, 독특하거나 엉뚱한, 비상식적이라고 생각했던 목적이나 사용 방법, 상황, 그 상품과 관련된 개인적인 경험이나 심리 상태 등등에서 나오는 경우가 많습니다. 바로 여기서 독자성을 뭘로 잡아야 하는지 알 수 있고 그것을 구체적인 편익성과 조합하여 '아이디어'로 만들어내면 됩니다. 만약 이것을 하위 세그먼트에 있는 고객을 상대로 재현하면 고객층이 상위 고객층 즉 충성 고객 쪽으로 이동할 가능성이 매우 높아집니다.

◐ 그 '아이디어'는 지금 이 고객에게 먹히는가?

만약 '아이디어' 후보가 여러 개라면 콘셉트 수용성을 확정하기 위한 양적 조사로 콘셉트 테스트를 해보길 권합니다. 콘셉트란, '독자성과 편익성(아이디어)'+'가격과 상품, 서비스 정보'를 가리킵니다. 고객 피라미드의 각 세그먼트에서 이 콘셉트에 구매(사용) 의향, 독자성을 느끼는지 5단계의 간단한 검사를 거치면, 각 세그먼트별로 대략적인 가능성이 보이기 시작합니다.

단, '아이디어'는 하나만 강조해서 표현하고, 여러 개의 기능이나 편익성을 담지 않아야 합니다. 알리고 싶은 내용을 너무 많이 담으면, 시장조사 때는 높은 평가를 받을지 몰라도 실제 시장에서는 명확한 메시지가 고객에게 전달되지 않아서 호응을 얻지 못할 가능성이 높습니다.

만약 TV 광고라면 15초 안에 말할 수 있는 내용, 가게 포스터나 배너라면 몇 초 안에 파악이 가능한 내용으로 만들어야 합니다. 또한 현실적인 문제도 있습니다. N1 분석으로 첫 구매를 유도하거나 충성 고객으로 만들 계기를 발견해도 그것을 재현할 수 없는 경우가 있습니다.

예를 들면, 10년 전 어느 카테고리의 첫 상품으로 등장하면서 그 당시 셀럽이 쓰는 것을 보고 따라 쓰게 된 고객이 있다고 가정해봅시다. 이 사람은 지금도 이 상품을 사용하고 있지만, 시장에는 그동안 유사 상품이나 경쟁 상품이 많이 등장한 상황입니다. 아직은 계속 쓰고 있지만 애초에 이 상품을 쓰게 된 계기가 그 당시의 유행과 신선함이었기 때문에 다른 상품으로 갈아탈 위험이 있습니다. 이런 고객을 상대로 10년 전에 썼던 마케팅 포인트를 그대로 유지하면서 요즘 셀럽으로 모델만 바꾼다면 예전만큼의 효과가 나오지는 않습니다. 이런 상황에서는 같은 충성 고객이더라도 장기적인 케이스와 첫 구매 후 충성 고객이 된 케이스를 따로 구분하여 N1 분석을 진행하면 돌파구를 찾을 수 있습니다.

◗ 실현 가능한 '아이디어'가 아니라면 버려라

활용할 수 있는 '아이디어'가 보이지 않고, 다음 투자도 불가능한 경우에는 같은 브랜드의 신상품 개발 혹은 상품 개선이라는 선택지가 있습니다. 그렇게 되면 상품 개발부나 생산부서와 협업하는 과정이 필요해져 투자도 늘려야 하고 인원도 재배치해야 합니다.

상품 자체에 재현성과 독자성이 없는데, 마케팅만으로 어떻게든 해보려고 '커뮤니케이션 아이디어'(TV 광고의 이미지뿐)를 빼내느라 고군분투하는 케이스가 있는데, 효과가 없을 가능성이 대단히 높습니다.

'아이디어'가 실현 가능한지, 아닌지는 TV 광고의 창의성이나 SNS 마케팅으로 뛰어넘을 수 있는 과제가 아닙니다. 아마도 광고 대행사나 크리에이티브 디렉터도 이 문제를 알고는 있지만, 그저 비즈니스 마인드로 뛰어드는 것뿐이라고 생각합니다. 그냥 단순하게 움직이는 것이 아니라, 고객 피라미드와 N1 분석을 바탕으로, 효과를 기대할 수 있는 '프로덕트 아이디어'와 '커뮤니케이션 아이디어' 발상에 몰두해야 합니다.

2-5 | 5W1H 마케팅

ⓞ 마케팅과 다른 요소의 관계

그 어떤 비즈니스도 고객 기점으로 분석하면 마케팅, 상품 개발, 영업, 기업 내의 모든 기능이 상호 보완적으로 움직이게 됩니다. 어느 브랜드에서는 상품 개발이 큰 기회로 보일 것이며, 어느 브랜드에서는 점포 수 확대나 EC 도입 등 판로 확대가 필요해질 수도 있습니다. 결과적으로 유통업체와 거래 조건을 변경해야 할 수도 있습니다.

그렇기 때문에 고객 피라미드 작성과 각 세그먼트의 관리는 회사 전체가 공유할 수 있는 거시적인 KPI(Key Performance

Indicator : 핵심성과지표)가 되기도 합니다.

➡️ 5가지 기본 전략

마케터의 역할은 충성 고객 및 일반 고객 수를 확대해서 각각
의 단가와 구매 빈도를 향상시키고, 매출을 최대화하는 것, 그
리고 비용 대비 효과를 높여서 이익률을 향상시키는 것입니
다. 이익은 5가지 고객 세그먼트 중에서 충성 고객과 일반 고
객층에서만 나오기 때문에, 이익 향상의 구조를 분석하면 다
음과 같습니다. 충성 고객의 구매 빈도가 올라가면 더 강력한
충성화(슈퍼 충성화) 현상이고, 일반 고객의 구매 빈도가 올라
가면 충성 고객화 현상이라 봅니다.

- 충성 고객 수×단가×빈도 향상(슈퍼 충성화) = 충성 고객층의 매
  출(1)

  (1) − 비용 = 이익
- 일반 고객 수×단가×빈도 향상(충성화) = 일반 고객층의 매출(2)

  (2) − 비용 = 이익

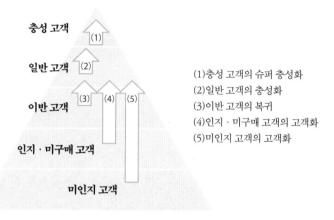

< 그림 2-11 > 고객 피라미드로 생각하는 5가지 전략

또한 충성 고객과 일반 고객 층으로 유입된 고객 수는 다음
과 같이 표현할 수 있습니다.

- 충성 고객 수 = 일반 고객＋이반 고객＋인지 · 미구매 고객＋미인
  지 고객

- 일반 고객 수 = 이반 고객＋인지 · 미구매 고객＋미인지 고객＋충
  성화 고객에서 다운그레이드

고객 피라미드로 생각해볼 수 있는 전략의 선택지는 다음
의 5가지입니다(그림 2-11).

1 충성 고객의 슈퍼 충성화

2 일반 고객의 충성화

3 이반 고객의 복귀

4 인지·미구매 고객의 고객화

5 미인지 고객의 고객화

위쪽 계층으로 이동할 수 있도록 CRM을 중심으로 한 타깃 좁히기, 일대일 커뮤니케이션을 해야 하고, 아래 단계에 속한 고객일수록 도달 범위가 넓은 TV 등의 매스미디어를 활용한 커뮤니케이션이 효과적입니다.

SNS는 타깃팅에 따라 상위 층과 하위 층 모두에 효과적으로 활용할 수 있지만, TV 광고처럼 모든 계층에 단기간에 넓게 퍼지지는 않습니다.

5가지 고객 세그먼트 중 어떤 계층에 주력해야 할지는 경쟁 환경, 고객 특성, 이익성 등에 따라 달라집니다. 일반적으로 상위에 집중 투하할수록 이익성이 높아져 안정되지만, 동시에 니치화를 불러와 사업 규모의 확대 속도는 더뎌집니다. CRM이나 충성 프로그램 편중 등으로 빠지기 쉬운 패턴입니다.

또한 그와 반대로 하위 층에 매스미디어를 통해 커뮤니케이션 투자를 하면, 단기간에 고객의 규모는 커지지만 고객 획득 비용이 높아져 수익에 대한 압박이 심해지기 십상입니다. 그런데 이 매스미디어를 통한 마케팅 투자도 N1 분석으로 성공률을 크게 높일 수 있습니다. 어느 쪽이든 타깃으로 하는 고객 세그먼트와 '아이디어'에 따라 결정하면 됩니다. 타깃 고객이 부재한 상태에서 SNS 마케팅으로 할지 TV 광고로 할지를 논하는 것은 의미가 없습니다.

◐ 언제, 어디에서, 어떻게 아이디어를 전달할 것인가

어느 고객층을 타깃으로 할지 결정하고 나면, 구체적인 마케팅 플랜을 5W1H로 기획합니다. 마케팅 분야에서는 P&G의 'WHO, WHAT, HOW'가 유명한데, 고객 피라미드로 구성해 보면, 더 깊은 부분까지 꿰뚫어볼 수 있습니다. '아이디어(독자성+편익성)'=WHAT이 보이면 그것을 받아들이는 타깃=WHO=N1도 보이게 되며, 행동 데이터와 심리 데이터를 분석하면 언제(WHEN), 어디에서(WHERE), 어떻게(HOW) '아이디어'를 전달할 수 있을지 알 수 있습니다.

다시 한 번 말하지만, 대상을 N1으로 좁힐 때는 대담해져야 합니다. 만약 N3, N10 등을 상대로 그룹 인터뷰를 한다면,

거기에서는 묽어진 아이디어밖에 나오지 않습니다. 그러나 역으로 N1을 설정하고 단 한 사람을 제대로 분석해서 나온 아이디어에는 반드시 많은 사람이 공감하게 됩니다. N1 기점의 아이디어에 공감하는 사람이 몇 명이 나올지는 나중에 콘셉트 테스트로 검증할 수 있기 때문에 걱정할 필요가 없습니다. 너무 니치한 것이 아닌가, 특수한 것은 아닌가 불안하다면, 지금의 그 상황 자체가 바로 강한 '아이디어'가 나타나기 직전의 상태라고 한번 믿어보세요.

N1의 고객화 과정을 분석하면, 구체적인 커뮤니케이션 방법, 정보 접촉의 포인트, 상품 접촉의 포인트, 구매 접촉의 포인트가 보입니다. 어떤 상황에서 어떤 메시지를 받았을 때 마음이 움직여서 구매까지 하게 됐는지를 잘 알게 되는 것입니다.

이것을 꿰뚫어보게 되면 WHEN, HOW를 설정할 수 있고 구매 의사 결정을 좌우하는 심리의 움직임을 파악하게 되므로 WHY도 알 수 있습니다.

예를 들어 스마트뉴스는 인지도가 50%를 넘을 때까지는 주로 TV 광고와 온라인 미디어를 사용했습니다. 하지만 50%를 넘어 신규 고객 획득이 정체되기 시작했을 때, 고객 피라미드의 4번째 층에 해당하는 '인지하고 있지만, 다운로드를 하지 않은' 고객의 N1 분석을 해봤습니다. 그러자 뉴스 앱 사용에 보수적인 지방이나 교외에 거주하는 사람들이 보이기 시작했습니다(WHO와 WHERE). 그래서 그들을 대상으로 신문 광고나 신문에 들어가는 전단지 광고를 추가적으로 활용하여(HOW) 새로운 고객을 확보할 수 있었습니다.

◑ 5가지 전략을 어떻게 현실화할 것인가

5가지 전략을 구체적인 플랜으로 적용시킬 때는 유의해야 할 점이 있습니다.

마케팅 플랜에는 다양한 방법이 있습니다. 오프라인에는 매스미디어 광고를 비롯, 이벤트나 DM, PR, 각종 판촉 등이 주를 이룹니다. 한편, 온라인(디지털) 분야에서는 각종 기법들이 매일 새로 등장하고 있습니다. 배너 광고나 리스팅 광고를 비롯, 스마트폰이 대중화된 이후로는 셀 수 없을 정도로 다양한 광고 형태가 나오고 있습니다(그림 2-12). 온라인은 오프라인에 비해 타깃팅 기술이 훌륭하고 얼마나 효과가 있었는지도 쉽게 알 수 있지만, 아직 단기간에 도달하는 속도는 매스미디어에 미치지 못하다는 점을 염두에 두어야 합니다.

오프라인	온라인
• 매스 광고 • 이벤트 • DM, 포스팅 • PR • 소비자 프로모션 　(샘플, 무료 체험, 쿠폰, 증량팩) • 프리미엄(포상, 컨테스트, 경품 제공) • CRM, 반복 구매 장려 　(포인트 제도, 회원 특혜) • 소매점 프로모션 　(POP, 매장 할인, 대량 진열, 　특별 진열, 전단지, 매장 테스트) • 유통업자 대상 프로모션 　(리베이트나 인센티브 제공으로 　매장 노출 획득) 등	• 리스팅 광고 　(검색 연동형 광고) • 디스플레이 • 동영상 • SNS • 제휴 마케팅 • 자사 미디어 • SEO(검색 엔진 최적화) • 메일 매거진 • 콘텐츠 • PR • 소비자 프로모션 • CRM, 반복 구매 장려 　(포인트 제도, 회원 특혜) • EC 등

< 그림 2-12 > 다양한 마케팅 기법

앞서 말한 5가지 전략에 맞게 5W1H를 명확히 한 후에 마케팅 플랜을 진행해야 합니다. 우선 그 플랜을 통해서 어떤 '프로덕트 아이디어'나 '커뮤니케이션 아이디어'를 타깃 고객에게 전달하고 체감하게 할 것인가를 결정해야 합니다. 이때 목표로 해야 할 것은, 그 '아이디어(독자성+편익성)'를 고객이 실감하게 해서 대체할 수 있는 다른 상품이 없다고 확신하게 만들고, 결과적으로 지속적으로 구매하게 만드는 것입니다.

단순히 지금 당장의 매출을 올리기 위해서 마케팅 플랜을 짜면 일회성 매출 상승만 일어날 뿐입니다. 바꿔 말하면, 고객의 심리나 인지를 바꿀 '아이디어'가 없으면 지속적인 구매로 이어지지 않는다는 것입니다.

플랜을 실행한 후에 고객에게 어떤 심리 변화가 나타나는지를 주시하면서 어떻게 하면 지속적 구매를 유도할 것인지를 생각해야 합니다. 브랜드나 카테고리에 따라 세그먼트별 고객의 특성은 달라지겠지만, 전략의 대략적인 경향을 다음과 같이 정리해봤습니다.

1. 충성 고객의 슈퍼 충성화

우선 중요한 사실은, 충성 고객이라 하더라도 경쟁 상품을 함께 사용하고 있는 경우가 있다는 것입니다. 행동과 심리 분석을 통해서 경쟁사나 대체 상품을 어느 정도의 비율로 병용하고 있는지 알아두어야 합니다. 그 후에 구매 빈도, 1회당 구매 개수나 구매 금액 향상을 위한 플랜이 필요합니다. 일반적인 플랜으로는 추가 구매에 따른 인센티브 제공, 회원 대상 포인트 제도로 지속적인 판매를 촉진하는 방법이 있습니다. 하지만 이런 것들은 실질적으로 화폐 가치의 제안이라 중장기적으로는 '프로덕트 아이디어'를 훼손하게 됩니다.

목표로 해야 할 것은, '지속적인 사용으로 좋은 효과를 보았다', '구체적인 어떤 이유 때문에 경쟁사 제품이 아니라 이 브랜드를 좋아한다', '가족이나 친구가 함께 쓰면 좋아한다' 같은 명확한 마케팅 포인트가 '프로덕트 아이디어'에 들어 있어야 한다는 것입니다. N1 분석으로 충성 고객이 이탈하는 이유를 찾아내서 이탈률을 떨어트리는 것도, 전체적으로 보면 슈퍼 충성 고객을 만들어내는 것과 연결됩니다.

2. 일반 고객의 충성 고객화

일반 고객은 충성 고객에 비해서 경쟁 상품을 사용하고 있는 경우가 더 많기 때문에, 이 브랜드를 사용하는 것이 더 좋다는 편익성을 체감하게 할 필요가 있습니다. 충성 고객에 비해 '프로덕트 아이디어'의 독자성을 잘 이해하지 못했거나 아직 잘 몰랐던 경우에는 그 점을 체감할 수 있게 해줘야 합니다. 만약 독자성은 인식하고 있는데 편익성에 대해 잘 모른다면 역시 이 점을 체감할 수 있는 시스템을 마케팅 플랜에 담아야 합니다.

경쟁 브랜드를 사용하고 있어서가 아니라 단순히 그 카테고리에 있는 상품을 사용하지 않는 경우라면, 슈퍼 충성 고객화 전략과 마찬가지로 수요 자체를 늘리는 전략을 써야 합니다. 그 제품을 사용해야 할 상황을 늘릴 수 있는 방안이 뭐가 있을지 생각해야 합니다. 이를테면 록시땅의 경우에는 '선물용 구매'라는 '커뮤니케이션 아이디어'를 이용해서 첫 구매자 수를 늘렸습니다. 이 아이디어는 일반 고객을 충성 고객으로 만드는 작업에서도 유효했습니다.

3. 이반 고객의 복귀

'프로덕트 아이디어' 자체가 좋은 평가를 받지 못하면 이반 고객이 생기게 마련입니다. 이럴 때는 가격 할인 같은 일회성 판촉 활동에 기댈 것이 아니라, 중장기적인 비전으로 프로덕트 자체를 강화하거나 신상품 개발을 검토해야 합니다. 만약 이때 고객이 선택한 경쟁 상품이 타사 제품이 아닌, 새로운 디지털 서비스라면 그 영향력에 대해 초기에 분석해야 합니다.

지금 당장은 일부 고객의 이동일지 모르지만, 중장기적으로는 자사 브랜드가 속해 있는 카테고리 자체를 바꿔버릴 파괴적 이노베이션이 일어날 징조일지도 모르기 때문입니다. 요즘은 출판이나 여행 상품 등 많은 상품이 디지털 산업으로 전환되고 있습니다만, 그 징조는 이렇게 이반 고객의 N1 분석을 하면 미리 발견할 수 있습니다.

한편, '커뮤니케이션 아이디어'가 부적절해서 '프로덕트 아이디어' 자체를 이해하지 못하다 보니 이반 고객이 되는 경우도 있습니다. 이것도 N1 분석을 통해 어디에 문제가 있는지를 파악해야 합니다.

또한 언제나 이용하던 매장의 진열대에서 그 상품이 사라졌기 때문이거나, 라이프스타일과 생활 동선이 바뀌었기 때문인 경우 등 물리적으로 그 상품을 구매할 기회가 사라졌기 때문에 이반 고객이 되는 경우도 많습니다. 이런 경우에는 판매 채널의 강화, 영업 강화, EC 도입 등 구매 기회를 늘리는 전략으로 대응해야 합니다.

4. 인지, 미구매 고객의 고객화

인지하고 있으면서도 구매, 사용 경험이 없는 이유는 아직 '프로덕트 아이디어'의 매력을 모르거나 편익성은 느끼지만 독자성을 느끼지 못한 경우입니다. 또한 이반 고객이 되는 이유와 마찬가지로, 구매 의사가 있어도 아예 구매할 기회가 부족한 경우도 있습니다.

또한 이 고객층은 새로운 브랜드나 최신 정보에 보수적인 경향이 있어, '프로덕트 아이디어'의 독자성이 새로울수록 오히려 구매에 신중한 태도를 보입니다. 이럴 때는 전 세계적으로 이 상품이 얼마나 많이 팔리고 있는지 알려주면서 신뢰도를 심어줘야 합니다. 매출 실적이나 셀럽과 충성 고객의 추천을 '커뮤니케이션 아이디어'로 만들어서 홍보하면 고객이 될 가능성이 높아집니다.

5. 미인지 고객의 고객화

세상에 있는 수많은 브랜드와 상품의 고객 중에서 가장 많은 비율을 차지하고 있는 것이 바로 미인지 고객과 인지 · 미구매 고객층입니다. 비용 대비 효율이 낮기 쉽지만, 사업의 성장을 위해서는 중장기적인 안목을 갖고 인지도 형성, 고객화, 충성 고객화를 목표로 지속적으로 노력해야 합니다.

짧은 시간 안에 매출을 올리려고 하면 이 고객층을 버리기 쉽지만, 기존 고객의 충성 고객화 전략을 쓰면서도 한편으로 일정 수준으로는 꾸준히 신규 고객 개척을 위해 작업해야 합니다. 그렇게 하지 않으면, 고객의 연령층이 점점 높아져서, 중장기적으로 보면 매출 하락의 원인이 됩니다.

이 고객층의 경우에는 상위 4개 층의 고객과 애초에 무엇이 다른가를 확인하는 것부터 시작해야 합니다. 많은 경우가 인지 · 미구매 고객보다 더 새로운 것에 보수적이고 미디어 접촉도 한정적입니다.

이 고객층은 SNS보다는 오프라인 중심으로 생활하기 때문에, TV나 신문 등의 매스미디어, 일상적으로 방문하는 특정 가게, 특정 커뮤니티에서만 정보를 얻는 경우가 많습니다. 따라서 이 고객층을 공략할 때는 색다른 '커뮤니케이션 아이디어'가 필요하다기보다는, 이 층이 선호하는 미디어 채널에 홍보하면서 '프로덕트 아이디어'를 간단명료하게 전달하는 것이 더 효과적입니다.

◑ '아이디어' 실현하는 몇 가지 경우의 수

고객 피라미드를 활용하여 5가지 고객 세그먼트에 마케팅 전략(5W1H)을 설정할 수 있게 되면, 마케팅 플랜 책정을 거쳐 실행으로 이동합니다. 이때, 그 축이 되는 '아이디어'의 정당성을 확인하는 작업이 필요할 때도 있습니다. 상황에 따라 다음 세 가지 패턴이 있습니다.

1. 사전에 '아이디어'의 유효성을 증명해야 하는 경우

회사에서 갑자기 고객 피라미드나 N1 분석 이야기를 꺼내면, 경영진의 지원을 받기 어려울 수도 있습니다. 경영진이 새로운 대책에 적극적인 편이더라도, 투자 전에 그 유효성을 증명해야 하는 경우가 많을 것입니다. 그럴 때 도움이 되는 사전 체크 사항과 준비 사항을 소개하겠습니다.

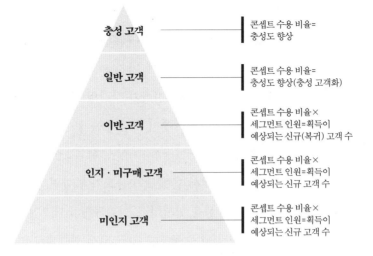

충성 고객 ——— 콘셉트 수용 비율=
충성도 향상

일반 고객 ——— 콘셉트 수용 비율=
충성도 향상(충성 고객화)

이반 고객 ——— 콘셉트 수용 비율×
세그먼트 인원=획득이
예상되는 신규 (복귀) 고객 수

인지·미구매 고객 ——— 콘셉트 수용 비율×
세그먼트 인원=획득이
예상되는 신규 고객 수

미인지 고객 ——— 콘셉트 수용 비율×
세그먼트 인원=획득이
예상되는 신규 고객 수

< 그림 2-13 > 세그먼트별로 콘셉트 평가하기

　기본적으로는 N1 분석을 바탕으로 만든 복수의 '아이디어 (독자성+편익성)'를 콘셉트로 테스트해봅니다. '콘셉트=프로 덕트 아이디어(또는 커뮤니케이션 아이디어)+가격과 상품 정보' 를 명확히 하여 구매 의사(사용 의사), 독자성 등을 5단계로 평 가합니다.

　대상 기준으로는 현재 상품의 콘셉트를 이용하거나, 신상 품의 경우는 경쟁사의 콘셉트를 기준으로 삼아 테스트하고 비교합니다. 기존의 경쟁 제품은 이미 이미지가 고정된 경우 가 많기 때문에, 브랜드명은 숨기고 테스트하는 것이 나을 수도 있습니다.

이 콘셉트 테스트는 고객 피라미드의 세그먼트별로 평가할 수 있도록, 고객 피라미드의 기본 세 가지 질문(인지/구매/빈도) 조사에 추가해주세요. 각 세그먼트가 각각의 콘셉트에 얼마만큼 반응했는지, 각 세그먼트에서 사람 수를 환산할 수 있기 때문에 구체적인 잠재력을 산정할 수 있습니다(그림 2-13).

충성 고객과 일반 고객에서 콘셉트 수용도가 높다면, 앞으로 충성도가 높아질 가능성을 시사하고, 남은 3개의 세그먼트(이반, 인지·미구매, 미인지)의 수용도는 신규 고객 획득의 가능성을 시사합니다. 세그먼트별로 콘셉트를 평가하면 신규 획득에 공헌하는 것, 또는 신규까지는 아니더라도 명확하게 충성화를 촉진시키는 것 등의 구별이 가능하기 때문에 마케팅 목적에 따라 나눠서 사용하는 것이 가능합니다. 당연히 신규 획득이 목적이라면 메시지나 전달 수단, 체감 방법도 스스로 추려낼 수 있으며, 그 반대도 마찬가지입니다. 고객 피라미드가 없는 콘셉트 테스트에서는 이 충성도 평가와 신규 획득 평가를 나누지 않는 경우가 대부분이기 때문에, 신규 획득의 가능성이 과도하게 측정되는 경우가 있습니다. 그와 반대로, 충성층에 대한 리스크를 과소평가하는 경우도 있습니다. 콘셉트 평가를 통해 고객의 80%가 좋은 평가를 했어도, 남은 20%

안에 충성 고객이 많이 포함되는 경우도 있기 때문입니다. 따라서 반드시 고객 세그먼트별로 분해해서 측정해야 합니다.

잠재력 산정에서 유의해야 할 점은, '아이디어'를 얼마나 빨리, 얼마나 넓게, 또는 언제까지 전달할 것인지, 이 인지도 형성의 속도를 KPI에 포함시키는 것입니다. 마케팅 플랜으로 TV 광고를 사용할 때는 이것이 비교적 간단합니다. 하지만 SNS나 매장을 통한 커뮤니케이션은 접촉 수나 접촉까지의 시간을 고객의 행동 데이터를 통해 계산할 필요가 있습니다. 또한 영업점이나 대리점을 통해 상품을 유통하고 있다면, 진열되는 속도와 범위도 시간을 따라 예측할 필요가 있습니다.

여기까지 가능하다면, 책정한 '아이디어'로 마케팅 플랜을 전개하여 획득할 수 있는 고객 수, 매출과 이익, 또한 달성에 필요한 기간과 속도를 대략 알아낼 수 있습니다.

2. '아이디어'가 실현 가능한지 테스트 마켓으로 알아봐야 할 경우

그리고 전국적으로 전개할지, 특정 지역 한정이나 판매 루트를 한정(EC 한정, 일부 매장 한정 등)해서 테스트 마켓을 할지 선택해야 합니다. 테스트 마켓을 할 경우, 대상 마켓 내에서 고객 피라미드별 행동 양식과 심리 변화를 테스트 전후로 평가할 수 있도록 설계해서 효과 검증에 활용합니다.

투자를 시작한 후에는 투자 수준과 대상 브랜드의 구매 사이클에 따라서 고객 피라미드의 변화를 조사할 빈도를 결정합니다. 구매 사이클이 1개월 정도로 빠르고, TV 광고처럼 도달 범위가 넓은 매스미디어를 사용하는 경우에는, 고객 조사를 매달 실시해서 고객 피라미드가 어떻게 변하는지 추적합니다. 투자 규모가 큰 경우에는, 적어도 4분기마다 고객 피라미드의 변화를 확인하고 N1 인터뷰도 지속하면서, '아이디어'로 연계되는 마케팅 전략, 플랜 강화를 지속합니다.

중요한 것은 실제 고객의 행동과 심리 데이터 분석, 그리고 지속적으로 세그먼트별 N1 분석을 하는 것입니다. 실제로는 지역 한정, 점포 한정, EC 한정 등으로 테스트 마켓을 시도해봐도 정확하게 한정하기가 어렵습니다. 테스트 대상 이외의 고객에게도 결국 상품이 도달하게 되어, 대부분이 전국 100%로 전개할 때보다 10~30% 정도 좋은 결과가 나와서 과대평가하기가 쉽습니다. 테스트 지역 내에서 고객 피라미드를 잘 추적해보면 이변을 발견할 수 있기 때문에, 이런 과잉 평가는 피할 수 있습니다.

3. '아이디어'를 전국적으로 전개할 수 있는 경우

운 좋게도 경영진의 합의나 지원을 받을 수 있다면, 전략을 최단 속도로 플랜에 반영하고 실행합니다. 여기서의 목표는 실제 마켓에서의 PDCA(Plan-Do-Check-Action)를 통해 전략과 플랜의 정밀함을 끌어올리는 것입니다.

단, 이렇게 적극적인 환경이라도 플랜에 대한 KPI 설정(고객 도달의 크기와 속도)은 1의 케이스와 같이 대충이라도 만들어 둬야 합니다. 이렇게 고객 피라미드의 세그먼트별 행동, 심리 데이터 분석, N1 분석을 통한 '아이디어' 책정이 가능하다면, 새로운 전략과 대책을 세웠을 때 반드시 성과가 나옵니다.

◉ 경쟁사 분석과 '오버랩 분석'

고객 피라미드를 작성할 때는 경쟁사도 조사 대상에 들어 있기 때문에, 같은 방법으로 경쟁 브랜드의 고객 피라미드를 작성할 수 있습니다. 자사 브랜드의 고객 세그먼트를 분석하면서 동시에 경쟁 브랜드도 똑같은 분석을 실행해보세요.

경쟁 브랜드의 각 고객 세그먼트와 그 차이를 분석하면, 자사 브랜드의 강점과 약점이 보이기 시작합니다. 그렇게 되면

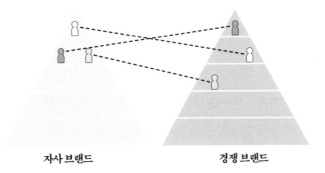

자사 브랜드　　　　　　　경쟁 브랜드

< 그림 2-14 > 오버랩 분석의 개념도

경쟁사의 약점도 보이기 때문에 선수를 칠 수도 있고, 경쟁사가 앞으로 취하게 될 전략이나 자사 브랜드의 약점에 대비한 방어를 준비할 수도 있습니다.

여기서 더 나아가 중복된 고객을 가시화해서 분석할 수도 있습니다. 이것을 '오버랩 분석'이라고 부릅니다(그림 2-14). 실제로 자사 브랜드와 경쟁 브랜드의 고객 피라미드를 사람 수 베이스로 곱하여 매트릭스로 작성합니다(그림 2-15). 이 그림을 보면, 자사 브랜드의 고객이 경쟁 브랜드를 어떻게 병용하고 있는지, 경쟁사의 피라미드에서는 어느 층에 자리하고 있는지를 파악할 수 있습니다.

예를 들어 자사 브랜드의 일반 고객이 경쟁 브랜드 A의 충성 고객일 경우, 그 세그먼트에 주목해보세요. 각 브랜드를 어

N=1000		경쟁 브랜드 A					
		합계	충성	일반	이반	인지·미사용	미인지
자사 브랜드	합계	1000	30	50	20	200	700
	충성	50	3	5	2	10	30
	일반	100	5	10	5	10	70
	이반	50	2	5	3	10	30
	인지·미구매	300	5	10	5	60	220
	미인지	500	15	20	5	110	350

< 그림 2-15 > 자사와 경쟁사의 오버랩 분석의 예

떻게 나누어 사용하는지(행동), 왜 나누어 사용하는지(심리), 각 브랜드를 어떻게 인식하고 있는지, N1 분석을 통해 자사보다 경쟁사가 더 선택받는 이유를 파악할 수 있습니다. 그것을 바탕으로 경쟁사로부터 충성 고객을 빼앗아 오기 위한 '아이디어', 그리고 경쟁사에 충성 고객을 빼앗기지 않기 위한 '아이디어'를 생각해내고, 그것을 전략으로 선택해야 합니다.

또한 자사와 경쟁사 양쪽 모두를 이반한 층은 앞으로 신규(복귀) 고객화를 예상할 수 있는 층입니다. 옅은 색 부분(5개의 세그먼트)은 어느 한쪽의 사용 경험은 있지만, 현재 어느 쪽 브랜드도 사용하고 있지 않는 고객층입니다. 중간 색 부분(3개의 세그먼트)은 어느 한쪽의 브랜드는 인지하지만, 어느 쪽 브랜드도 사용 경험은 없습니다. 짙은 색 부분은 양쪽 브랜드 모두를 인지조차 하지 못한 층입니다. 많은 브랜드가 이 층을 파고들거나 마케팅 투자를 하지 않아서, 그 성장 잠재력을 방치하고 있는 상태입니다.

염두에 두어야 할 것은, 고객 피라미드를 통해 경쟁사의 고객 상황을 이만큼이나 파악할 수 있다는 것은 경쟁사 또한 우리 쪽의 고객 분석이 얼마든지 가능하며, 전략적으로 특정 세그먼트를 노릴 수도 있다는 것입니다. 어느 쪽이 먼저, 어느 쪽이 더 철저하게 고객 기점의 분석을 바탕으로 '아이디어'와 마케팅 전략을 구축하는지가 승부수입니다.

오버랩 분석을 통해 어느 쪽 브랜드도 사용하고 있지 않은 고객층을 깊게 파고 들어가면, 카테고리 자체의 기회나 신규 사업 개발의 힌트를 얻을 수도 있습니다. 동시에 현재 카테고리 내에 존재하지 않는 대체 상품이 위협적으로 보이기 시작할 수도 있습니다.

예를 들면, 지난 20년간 아마존은 기존의 서점에서 고객을 빼앗아왔습니다. 만약 20년 전에 기존의 대형 서점들이 정기적으로 오버랩 분석을 실행했다면, 서점들의 충성 고객 또는 일반 고객이 서서히 이반층으로 이동하는 것이 보였을 게 틀림없습니다.

마찬가지로 음악 시장에서 CD 회사들이 오버랩 분석을 했다면, 온라인 쪽으로 이동하는 고객층이 확실히 보였을 것입니다. 만약에 지금 오버랩 분석을 한다면, 어느 회사에든 미인지 고객, 즉 'CD를 사지 않으니 CD 가게를 모른다'는 층이 크게 나타날 것입니다.

● 신규 카테고리 진입 시 활용

고객 피라미드는 신규 카테고리로 진입할 때 필요한 전략 구축에도 활용할 수 있습니다. 우선, 앞으로 진입하려는 시장의 주요 브랜드를 여러 개 골라 각각의 고객 피라미드를 작성해봅니다. 그리고 이 주요 브랜드들 간의 오버랩 분석을 해보면, 이들이 아직 획득하지 못한 고객층이 눈에 보이고 수치화할 수 있습니다. 이것을 바탕으로 미개척층을 겨냥한 '프로덕트 아이디어'를 개발합니다. 이런 과정을 통해 동질화에 빠지지 않고 독자성을 보유한 신규 브랜드로서 진입할 수 있는 가능성을 발견할 수 있습니다.

구체적으로는, 앞서 자사 브랜드와 경쟁 브랜드 A에 대해 작성한 표를 똑같이 주요 브랜드를 대상으로 작성합니다. 그리고 진한 색으로 표시한 세그먼트들에 주목하고, 양쪽 모두 인지하고 있지만 구입한 적이 없는 이유 등에 대해 깊이 파고듭니다. 그 고객층이 수용할 만한 '아이디어'를 개발하고, 시장에서의 해당 세그먼트의 비율을 계산하면 신규 진입으로 획득할 수 있는 규모까지 알아낼 수 있습니다. 또는 사이즈가 큰 세그먼트부터 우선적으로 파고드는 것도 한 가지 방법입니다.

● B to B 사업에서 활용

또한 고객 피라미드를 B to B 사업에 활용하는 것도 가능합니다. B to B 사업은 특정 고객을 대상으로 하는 것이기 때문에 온라인 설문조사는 하지 않지만 마케팅 방식은 동일합니다.

실제로 B to B 기업으로부터 상담 의뢰를 받았을 때의 이야기를 소개하겠습니다. 상담의 목적은 매출 속도를 더 높이고 싶다는 것이었습니다. 그 회사는 고객 리스트와 거래처 데이터를 확실히 관리하고 있었습니다. 그것을 분류하면 ①현재의 거래처 고객, ②과거의 거래처 고객, ③앞으로 가능성이 있는 거래처 고객(경쟁사의 고객)으로 나뉘었습니다. 해마다 매출과 이익, 담당자 이름, 각각의 거래 내역을 파일로 저장하고는 있었지만, 그것들이 모두 따로따로 보관되어 있어서 데이터로 분석할 수 있는 상태는 아니었습니다.

실제로 경영진이 파악할 수 있는 것은 ①②③의 수와 그것을 합산한 매출과 이익 정도였습니다. ①②③이 매년 어떻게 변하고, 어떻게 교체되었는지는 전혀 파악할 수가 없었습니다.

그래서 이 자료를 과거의 8년 단위로 자른 다음, 거래 지속성(3년 이상)을 기준으로 충성과 일반(통상 거래)으로 나누는 고객 피라미드를 만들었습니다. 그리고 세그먼트별로 각 고객의 행동(담당자, 미팅, 입찰, 거래액)과 그 행동에 다다른 이유(미팅 내용, 제안, 입찰 가격, 담당자)를 분석했습니다. 그랬더니 성공 패턴을 보이는 특정한 영업 담당자가 눈에 띄었고, 클라이언트와의 커뮤니케이션 빈도와 그 내용의 특징도 보이기 시작했습니다.

이 회사는 2, 3년마다 조직 변경이나 인사이동을 하기 때문에 파악하기 쉽지 않았지만, 성공 패턴을 만드는 우수한 영업자가 단골 클라이언트를 만든다는 것, 이 때문에 그 담당자가 사라진 후에는 이탈한 클라이언트가 생긴다는 사실을 알게되었습니다. 그런데 여기서 중요한 것은 이런 현상이 그 담당자만의 독특한 캐릭터 때문이라기보다는, 그가 실행한 커뮤니케이션의 빈도와 내용 때문이라는 것을 알게 된 것이죠.

경영 차원에서는 매출과 이익, 비용과 기업 활동, 마케팅 활동이 모두 합산되어 보입니다. 하지만 이것들을 고객 기점으로 가시화했더니 그전까지는 보이지 않았던 기회와 리스크를 바탕으로 전략을 짤 수 있었습니다.

◑ 추적(tracking)의 중요성

정기적으로 고객 피라미드의 수치를 갱신하면 지속적으로 고객의 변화를 파악할 수 있고, 사내에서 발생하는 문제 해결 속도도 빨라집니다. 꼭 고객 피라미드가 아니어도, 고객을 기준(각 세그먼트의 비율이나 인원을 파악하고 있는 상태)으로 매출을 추적하는 시스템이 없는 상황에서 매출이 떨어진 경우에는, 그 문제를 인지하고 조사, 분석을 거쳐 새로운 대책을 세우기까지 6개월 이상의 시간이 걸립니다. 매출 데이터 상세 분석에 1개월, 가설 만들기와 행동, 심리 데이터 조사 설계에 1개월, 조사 실행과 분석에 2개월, 그 결과를 사내에서 설명하고 의견 합치에 이르기까지 1개월 이상. 그리고 조사 분석 등과 병행하면서 새로운 마케팅 전략 책정과 플랜 기획을 시작하면 이것이 또 3개월 정도 걸립니다. 구매 사이클이 빠른 카테고리 상품이라면 6개월이라는 시간은 브랜드의 운명을 좌우할 수도 있습니다.

마케팅, 영업, 개발의 전략과 플랜 실행, 고객 피라미드의 변천 과정을 시간을 축으로 추적하면, 무엇이 유효하고 무엇이 그렇지 않은지 식견을 쌓아갈 수 있습니다. 거기다 매출이라는 결과 지표로 연결되는 고객에 대한 이해도 깊어집니다. 그런 과정을 통해 진정한 고객 기점 마케팅과 경영을 실현할 수 있습니다.

◑ 어떻게 캐즘의 골짜기를 뛰어넘을 것인가

마지막으로, 고객 피라미드를 다른 각도에서 설명해보겠습니다. 이노베이션의 보급에 관해서는 새로운 상품, 서비스가 어떻게 시장에 침투하는지, 그 정보를 느끼는 수준에 따라 고객을 5개의 층(이노베이터, 얼리어답터, 얼리메이저리티, 레이트메이저리티, 레거드)으로 분류하는 '이노베이터 이론'이 유명합니다.

또한 상품이나 서비스가 일회성으로 끝나지 않고 시장에

보급될 수 있는지의 여부는, 그 보급률이 이노베이터와 얼리어답터를 합쳤을 때 16%가 되는지 안 되는지에 달렸다고 흔히 말합니다. 더 나아가 이것을 전제로 나온 '캐즘(Chasm) 이론'에서는 얼리어답터와 얼리메이저리티 사이에는 '캐즘'이라 불리는 깊은 틈이 존재한다고 말합니다. 이노베이터와 얼리어답터를 합한 고객 비율이 16%를 뛰어넘기가 쉽지 않다는 것이죠.

이 이론은 마케팅 활동을 실제로 해보기 전에는 대상 고객을 분류할 수 없다는 이유 때문에 마케팅 현장에서 그다지 활용하지는 못하고 있었습니다. 또한 카테고리에 따라 5가지 층의 비율이 변화하기 때문에, 이노베이터 이론은 어디까지나 실제 결과로부터 유추된 이론이라고 할 수 있습니다. 하지만 고객의 심리 동향을 파악하는 데에는 대단히 중요한 사고방식입니다.

고객 피라미드는 이노베이터 이론을 마케팅 현장에 적용할 수 있도록 고안되어 있습니다.

이노베이터와 얼리어답터는 일반적으로 정보 감도가 높고, 미디어 접촉도 많습니다. 카테고리를 막론하고 '프로덕트 아이디어(독자성+편익성)'가 뛰어나다면, 이 층은 초기 구매층 중에 가장 많이 포함됩니다.

한편, 얼리메이저리티와 레이트메이저리티는 정보 감도가 낮고, 미디어 접촉 자체도 적거나 또는 새로운 정보를 이해하는 속도가 느립니다. 같은 정보를 반복해서 제공하지 않으면 이해하지 못하기 때문에 더 자주 접촉해야 합니다.

또한 '아이디어'의 독자성이 뛰어나면, 오히려 이해하기가 어려워지기 때문에, 커뮤니케이션의 내용을 매우 단순하게 만들 필요가 있습니다. 커뮤니케이션에 공을 들이면 그것 자체는 엔터테인먼트로 즐길 수도 있지만, 프로덕트 자체를 이해하지는 못합니다. 또한 새로운 것에 저항감이 있는 고객들은 주변에서 사용하기 시작할 때까지, 주류라는 느낌이 생길 때까지 움직이지 않는 경향도 있습니다.

이것을 고객 피라미드에서 보면, 브랜드 설립 당시의 고객은 새로운 아이디어에 반응하는 이노베이터와 얼리어답터가 많습니다(그림 2-16). 단, 그들의 반응은 경쟁사에 대해서도 동일하기 때문에 경쟁사의 신 브랜드나 대체 상품이 등장하면 초기에 이탈해버립니다. 따라서 이 층을 많이 잡아둔 초기의 새로운 브랜드는 대단히 불안정한 상태라고 할 수 있습니다.

브랜드의 지속적인 성장과 안정을 위해서는 메이저리티층에 몰두할 필요가 있습니다. 그야말로 '캐즘 뛰어넘기'를 말하는 것입니다. 새로운 브랜드의 설립 초기에는 TV 광고를

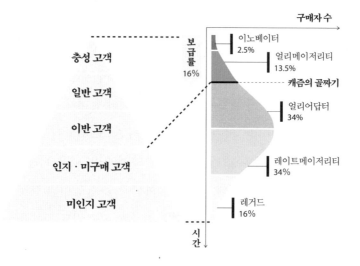

구매자 수

보급률 16%

이노베이터 2.5%

얼리메이저리티 13.5%

캐즘의 골짜기

얼리어답터 34%

레이트메이저리티 34%

레거드 16%

충성 고객

일반 고객

이반 고객

인지 · 미구매 고객

미인지 고객

시간

< 그림 2-16 > 초기 고객은 이노베이터와 얼리어답터에 편중된다

대량으로 아무리 쏟아내도, 메이저리티층은 반년에서 2년 정도 인지·미구매층과 미인지층으로 고정되어 있습니다.

이 캐즘의 골짜기를 이론대로 16%로 본다면, 브랜드 인지도는 어떻게 될까요? 단순 계산으로 생각하면, 가령 브랜드를 인지한 후 구매하게 되기까지의 전환율(컨버전)을 30%라고 했을 때, 시장의 전체 고객에서 16%의 보급률을 넘기려면 브랜드 인지도는 16%/30%=53%가 필요하게 됩니다.

즉, 대략적인 기준으로 시장에서 50% 이상의 브랜드 인지도를 만들어내지 않으면, 메이저리티층까지 도달하는 것이 불가능하게 되고, 결국 불안정한 상태가 계속된다는 뜻입니다.

새로운 '프로덕트 아이디어'를 내세워 만든 상품이 등장할 때는 크게 성장했지만, 2년이나 3년째가 되면 사라지는 경우가 종종 있습니다. 이런 경우 대개는 고객 피라미드가 어떠한 특성으로 구성되어 있고, 시간에 따라 어떻게 변하는지 이해하지 못했기 때문에 생깁니다. 캐즘의 골짜기를 뛰어넘기도 전에 인지도 형성을 위한 투자를 스스로 멈춰버리기 때문입니다.

특히 신상품 개발을 잘하는 기업일수록 매년 신상품 개발에 투자하고, 기존 상품의 '캐즘 뛰어넘기'를 위한 투자액은 대폭 삭감하는 경향이 있습니다. 그리고 유통이나 영업도 이러한 흐름을 지원하게 됩니다. 왜냐하면 아이디어가 있는 신상품에 대해서는 이노베이터와 얼리어답터의 반응이 매우 빠르기 때문에, 급속도로 추가 매출이 실현된 것처럼 보이기 때문입니다.

그러나 많은 경우, 사실상 작년이나 재작년 신상품 고객이 이동해온 것뿐이고, 시장은 확대되지 않습니다. 경쟁사의 고객을 빼앗아 온 형태라면 괜찮지만, 자사의 과거 신상품 고객이 그대로 온 경우라면 고객이 늘어난 것이 아니기 때문에 결국에는 매출이 떨어지게 됩니다.

어느 세그먼트의 고객이 이동하고 있는지를 미리 발견하고 적절하게 투자한다면, 일시적인 신상품 판매 속도에 휘둘리지 않을 수 있습니다. 또한 계속해서 성장할 여지가 있는 브랜드를 빨리 포기하는 실수도 방지할 수 있습니다.

【 2장 핵심 메시지 】

❶ 고객 피라미드를 작성하고 세그먼트별 특징을 파악한 후 N1을 유출한다.

❷ 행동 데이터와 심리 데이터를 통해 어떤 계기로 고객 혹은 충성 고객이 되었는지 파악한다.

❸ 세그먼트별로 다른 전략을 짜고, 구체적인 5W1H 마케팅을 세운다.

지금까지 말한 것처럼 강력한 '아이디어'를 만들어내기 위해서는 구체적인 N1 분석이 매우 중요합니다. 고객 분석이라는 말을 들으면, 이미 판매 중이어서 현재 구입하고 있는 고객이 존재하는 상품에만 활용할 수 있다고 생각하기 쉽습니다. 하지만 새로운 브랜드나 신상품 개발에도 충분히 활용할 수 있습니다. N1 선정은 자기 자신이나 주변의 지인이어도 상관없으며, 시장 전체나 경쟁 브랜드의 고객 피라미드를 작성해서 발탁할 수도 있습니다.

　이것을 활용해서 개발한 상품 중 대표적인 히트 상품은 로토제약에서 2013년에 론칭한 브랜드, '데오우(デオウ)'가 있

습니다. '남자의 냄새를 철저하게 케어한다'는 캐치프레이즈의 이 상품은 데오드란트 보디 케어 브랜드로, 보디 워시와 보디 미스트라는 2가지 아이템이 있습니다.

언론 홍보 시에는 '30~60대 남성의 약 3분의 2가 자신의 냄새에 신경 쓰고 있다'는 사실을 덧붙였는데, 이것은 온라인 설문조사에서 나온 콘셉트로, 양적 조사가 아닌 N1 분석을 통해 뽑아낸 것입니다.

'데오우'를 발매하기 3년 전, 로토제약은 얼굴 세안제를 중심으로 한 남성용 화장품 브랜드 '오키시(オキシ—)'를 개발해서 높은 평가를 받았습니다. 그래서 다음 상품은 보디용으로 정했고, 이미 다른 나라에서는 판매를 시작한 자사 브랜드 '맨소래담 맨'을 일본 시장에도 도입하자는 의견이 나왔습니다. 하지만 시장을 살펴보니 이미 시세이도, 만담, 가오, 가네보 등 여러 브랜드가 시장에 나와 있는 과점 상태로 새로운 움직임은 없었습니다.

기존 상품과 차별되는 '프로덕트 아이디어'(독자성+편익성)도 뚜렷이 보이지 않았기 때문에 신상품 개발을 주저하게 되었습니다. 이미 교착되어 있는 시장에 파고들 만한 새로운 아이디어도 생각나지 않는데다가, 저 스스로도 딱히 보디 워시에 대해 관심이 없었기 때문에 어떻게 대책을 세워야 할지 알 수 없어서 우선은 다른 남성들이 어떤 클렌저를 어떻게 사용하고 있는지, 목욕탕과 골프장 사우나 등에서 관찰해봤습니다. 그랬더니 다수는 아니었지만, 일정 비율로 매일매일 열심히 몸을 닦는 남성들이 있었습니다(여름휴가 기간 중에 매일 목욕탕을 다니면서 알게 되었습니다). 그런데 그의 행동은 '몸을 닦는다'기보다는 거의 '때를 미는 것'에 가까워 보였습니다. 그리고 그런 남성들 대부분은 보디 워시 제품이 아니라 비누를 사용하고 있었습니다.

*

함께 골프를 치는 친구가 있어서, 그 친구를 대상으로 N1 인터뷰를 해봤습니다. 알고 보니 그도 땀을 많이 흘린 날뿐만 아니라, 매일 열심히 씻는 남성 유형이었습니다. 이유를 물어보니 결정적인 답변이 '자신의 냄새를 없애고 싶기 때문'이라는 것이었습니다. 그리고 '기존의 남성용 보디 워시는 어쩐지 여성스럽고, 미끌미끌하고 뭔가 남아 있는 느낌이 나서 좋아하지 않는다. 비누의 상쾌한 느낌이 좋다'고 하더군요. 그러면서도 비누를 직접 만지는 것이 왠지 비위생적인 것 같다는 불만도 덧붙였습니다.

여기서 그가 말한 '여성스럽다'는 의견은 단지 느낌이나 이미지가 아닐까 생각했지만, 실제로 시장의 기존 상품들을 조사해보니, 거의 모든 상품들이 여성용 클렌저와 비슷하게 보습을 편익성으로 내세우고 있었습니다. 남성 취향으로 향료는 바꿨지만, 아무래도 보습을 중시하다 보니 촉촉함이 끈적임으로 느껴질 수도 있겠다는 생각이 들었습니다. 바로 이 점은 '냄새를 없애고 싶어서 매일 열심히 닦는다'는 고객층, 즉 비누의 충성 고객층이면서 보디 워시 시장에서는 미인지·미구매층인 이 고객층에는 맞지 않는 특징이었습니다. 이런 사실을 알게 된 당시에는 저 자신도 100%는 공감하지 못한 상태라 구체적인 아이디어로 만들지는 못하고 있었습니다.

그러던 어느 날 문득 깨닫게 되었습니다. 지진 재해의 영향으로 절전이 한창이던 2011년의 무더웠던 어느 여름 날, 땀을 흘리며 엘리베이터에 탔더니 뒤에 있던 사람이 저의 냄새를 피하는 듯한 기색이 느껴졌습니다. 그때 처음으로 '아, 이 냄새를 없애고 싶다'는 속마음을 피부로 느끼게 되었습니다. '나한테서 좋은 향기가 났으면 좋겠다'가 아니라, 그저 '냄새를 없애고 싶다'는 마음이었습니다. 냄새는 화학적으로도 만들기 어렵고, 지금의 냄새를 숨기려고 향수 등을 뿌려봤자 체취까지 더해져 더욱 복잡한 냄새가 될 수 있습니다. 비누로

N1 마케팅

몸을 박박 씻는 저의 골프 친구가 비로소 이해되기 시작했습니다.

엘리베이터에서 그런 경험을 한 그날 저녁, 마케팅팀의 직원들과 브레인스토밍 시간을 가졌습니다. 우리는 "좋은 향을 원하는 게 아니라, 그야말로 '데오드란트=체취 제거'를 원한다", "지금은 비누에 가깝지만, 편리하고 위생적인 펌프식 보디 워시의 자리는 현재 비어 있다"는 이야기를 나누며, 순식간에 제품 개발 콘셉트를 확정했습니다. 브레인스토밍에 참가한 사람들은 모두 남성으로 이 콘셉트에 강하게 공감했으며, '데오우'라는 네이밍도 그 자리에서 바로 결정됐습니다. 처음에는 기존의 경쟁 상품들과 마찬가지로 보습이나 향과 같은 기준만 생각하고 있다가, 냄새를 없애준다는 전혀 새로운 기준이 생겨난 것입니다. 이 '아이디어'를 개발팀과 논의했더니, 의약외품 수준의 성분 배합으로도 실현할 수 있다는 것을 알게 되어, '냄새를 없애준다'는 편익성과 '의약외품의 보디케어'라는 독자성을 갖춘 '프로덕트 아이디어'가 탄생했습니다.

드디어 2013년 2월에 제품을 론칭하면서, 패키지에는 '남자의 냄새, 남김없이 없애준다'는 헤드라인 카피를 내세웠습니다. 중요한 '커뮤니케이션 아이디어'인 패키지에 '프로덕트 아이디어'를 직접적으로 드러내는 이 전략으로 새로운 브랜드인데도 금세 고객을 획득했습니다. 약용으로 냄새를 없앴다는 점도 지금까지 없던 독자성으로 타깃 고객의 큰 신뢰를 얻어, 발매한 지 반년 만에 오랜 기간 과점 상태에 있던 남성용 전신 세정제 시장에서 1위를 기록하게 되었습니다. 이렇게 목적의식을 갖고 N1 분석을 하다 보면 기존에 존재하지 않던 새로운 '아이디어'가 탄생할 확률이 매우 높습니다. 그러니 신상품 기획을 하시는 마케터라면 양적 설문조사뿐만 아니라, N1 인터뷰와 N1 분석을 꼭 해보시기 바랍니다.

N1 Marketing

3장

[응용 편]

9세그맵으로 판매 촉진과
브랜딩을 동시에 잡다

판매 촉진 활동에 비해 브랜딩은 전략 입안이나 효과 검증이 애매해지기 쉽습니다. 응용 편에서는 '고객 피라미드'에 브랜드 선호 축을 추가한 '9세그맵' 분석을 통해 판매 촉진과 브랜딩, 양쪽의 요소를 통합하여 더욱 효과적인 마케팅을 지향합니다.

3-1 | 9세그맵을 그려라

● '구매 빈도'만으로는 진정한 충성 고객인지 알 수 없다

구매 빈도나 구매 금액으로 정의되는 충성 고객층에는 사실 진짜 충성 고객이라고 할 수 없는 고객들도 상당수 포함되어 있습니다. 자사 브랜드만을 구매하는 사람을 '진정한 충성 고객'이라고 한다면, 자사의 구매 데이터만으로는 이를 수치화할 수 없습니다.

자사 브랜드의 충성 고객층을 대상으로 재구매 의사가 있는지를 조사해보면, 재구매 의사가 없는 고객이 있다는 걸 알

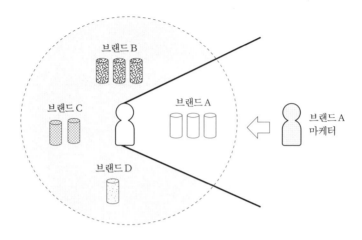

< 그림 3-1 > 자사의 충성 고객이 타사 상품을 사지 않는 것은 아니다

게 됩니다. 여기서 나타나는 브랜드 선호라는 것은 단순히 좋고 싫음이나 NPS(Net Promoter Score : 타인에게 추천 여부)가 아니라, 본인이 또 구매할 의향이 있는지의 여부입니다.

복수의 브랜드명을 나란히 열거해놓고 다음에 구입할 브랜드를 선택하라고 하면, 자사 브랜드의 충성 고객이라 하더라도, 재구매하겠다는 사람이 100%라는 보장은 없습니다. 즉, 자사 브랜드를 대량으로 사주고 있는 충성 고객의 마음이 반드시 '다음에도 충성'인 것은 아닙니다.

기초 편에서도 다뤘지만, 그 어떤 카테고리에서도 자사 브랜드만을 계속 구매하는 고객은 거의 없으며, 여러 경쟁 브랜드나 대체 상품까지 포함해서 다이내믹하게 구매하는 것이 현실입니다. 대량 구매 고객의 전원이 자사 브랜드의 충성 고객이라고 말할 수는 없습니다(그림 3-1).

⊙ 구매 빈도가 높다고 해서 다 충성 고객은 아니다

마트를 예로 들어 이 상황을 이야기해보겠습니다. 자신의 집 앞에 A마트가 있고, 주위에 다른 마트나 편의점이 없는 경우, 아마도 생필품은 A마트에서 해결할 거라 예상할 수 있습니다. 다른 선택지가 없기 때문입니다. 이런 경우, A마트 입장에서 본다면 당신은 충성 고객입니다.

하지만 조금 걸어가야 하는 200미터 앞에 새로운 물건이 많이 구비돼 있고 서비스가 훌륭한 B마트가 오픈한다면 어떻게 될까요? 혹은 내가 필요한 물건을 알아서 추천해주는 C라는 온라인 쇼핑몰이 하루 만에 칼같이 배송 서비스를 해준다면 어떻게 될까요? 아마도 B마트나 C온라인 쇼핑몰을 이용하는 횟수도 점점 늘어날 것입니다. 결국 A마트는 단순히 물리적으로 가깝기 때문에 구매 빈도가 높았을 뿐, 애초에 강한 독자성과 편익성(프로덕트 아이디어)이 있었던 것은 아니라는 말입니다. 물리적으로 가깝다는 독자성 외에 다른 차별성은 없었던 것이지요.

구매 빈도가 높다고 해서 다 충성 고객이라고 볼 수 없는 이유가 바로 이것 때문입니다. 따라서 진짜 충성 고객의 심리를 알고 싶다면 자사 브랜드뿐 아니라 경쟁사의 '프로덕트 아이디어'를 이해하고 그 독자성과 편익성을 고객이 어떻게 인식하고 있는지도 반드시 파악해야 합니다. 순식간에 고객을 잃는 사태를 막기 위해서는 이를 잘 파악하여 자사 브랜드의 '프로덕트 아이디어'를 강화할 필요가 있습니다.

만약 A마트에 강력한 독자성과 편익성이 있어서(예를 들어 다양한 물건이 구비돼 있고, 가격이 다른 데보다 싸며, 직원이 친절하고 대응 속도가 빠르다 등) 굳이 B마트나 C온라인 쇼핑몰을 이용하지 않아도 불편하지 않다면 여전히 A마트를 이용할 것입니다. 다른 매력적인 선택지가 등장하더라도 '그래도 역시 A마트가 편하고 좋아'라고 생각할 수 있다면 말입니다. 바로 이것이 '충성 고객이 있다'고 말할 수 있는 경우입니다. 이것이야말로 '브랜드'인 것입니다. 구매 빈도가 높다는 사실만으로는 '브랜드'라고 할 수 없습니다.

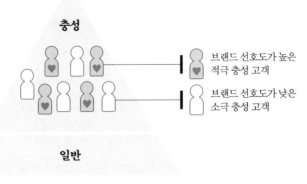

충성

브랜드 선호도가 높은
적극 충성 고객

브랜드 선호도가 낮은
소극 충성 고객

일반

< 그림 3-2 > 두 종류의 충성 고객

● 적극적 충성도와 소극적 충성도

이렇게 구매 빈도가 높은 층 중에는 브랜드 선호도가 높은
'적극 충성 고객'과 브랜드 선호도가 낮은 '소극 충성 고객'이
섞여 있습니다(그림 3-2).

이런 기준으로 현재의 유통업계를 생각해보면, 아마존을
비롯한 온라인 쇼핑몰이 등장하면서 물리적인 점포망을 갖고
있는 유통업자의 소극 충성 고객을 전 세계적인 수준으로 빼
앗고 있다고 해석할 수 있습니다. 온라인 쇼핑몰이 등장하기
전에는 당연히 넓은 물리적 점포망을 갖고 있는 유통업체가
가까운 거리에 있다는 강점으로 매출을 늘렸습니다. 매년 새

로운 지역에 매장을 내거나, 인구와 교통량이 많은 장소에 집중해 매장을 오픈하면 대부분 높은 매출액을 달성할 수 있었던 것이죠. 하지만 근접성만으로는 고객에게 강한 '프로덕트 아이디어'를 제공하지 못합니다. 결과적으로 보면 브랜드 선호도가 낮은 소극 충성 고객이 많았다고 평가할 수 있습니다.

오프라인 유통업체들이 한창 근접성 경쟁을 하고 있는 와중에 그 거리의 개념을 때려 부순 것이 온라인 쇼핑몰입니다. 브랜드 선호도가 낮은 소극 충성 고객층을 일제히 아마존 등의 전자상거래 기업이 빼앗아버렸습니다.

물리적인 점포망을 갖고 있는 업체에서 우선 해야 할 일은, 적극 충성 고객이 이 브랜드를 선호하는 이유, 즉 그 적극성을 지탱하고 있는 독자성과 편익성을 발견하는 것입니다. 그리고 온라인 쇼핑몰이 제공하지 못하는 '프로덕트 아이디어'(독자성+편익성)를 소극 충성 고객에게 제공하는 것입니다. 이것을 통해 소극 충성 고객을 적극 충성 고객으로 만들면 이탈할 가능성이 줄어듭니다.

아마존은 '아마존 고(Amazon Go)'를 개장하며 실제로 오프라인 매장 테스트를 시작했습니다. 아마존 고가 노리는 것은 점포망을 갖고 있는 업체의 소극 충성 고객층뿐만 아니라 적극 충성 고객까지 빼앗는 것입니다. 그것을 위해 '프로덕트 아이디어'를 모색하는 것, 즉 행동 데이터와 심리 데이터 분석을 쌓고 있는 작업이라고 봐야 합니다.

이렇게 새로운 종류의 서비스가 대체 상품이 되면서 충성 고객을 잃어가는 것은 이제 일상이 되었습니다. 우버 등의 공유 서비스는 택시업계를 잠식한 것뿐만 아니라, 자가용 시장까지 잠식하고 있습니다. 에어비앤비도 현재는 호텔 등의 숙박업을 잠식하고 있지만, 그것으로 끝난다고는 볼 수 없습니다. 자택을 소유하고 있는 사람 중 소극 충성 고객의 심리적인 이유를 상상해보면, 자택 소유라는 부동산 수요 자체를 잠식해가고 있다고도 생각할 수 있습니다.

따라서 '계속 구매하고 있다/계속 사용하고 있다'라는 행동에 숨어 있는 심리적 원인을 이해하지 못하면, 충성 고객의 매출이 줄어들어도 본질적인 문제를 이해하지 못한 채 계속해서 고객을 잃어갈 수밖에 없습니다.

🔸 9세그맵 작성 방법 – 브랜드 선호도라는 축을 더하기

충성 고객층과 마찬가지로 일반 고객, 이반 고객, 인지 · 미구매 고객도 브랜드 선호도 축에 따라 두 가지로 구분할 수 있습니다.

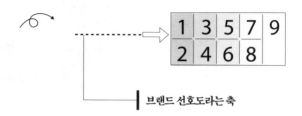

브랜드 선호도라는 축

< 그림 3-3 > 고객 피라미드(5세그맵)와 9세그맵의 관계

고객 피라미드(5세그맵)로 살펴본 충성 고객, 일반 고객, 이반 고객, 인지·미구매 고객의 4가지 층을 브랜드 선호도에 따라 8개로 분류합니다. 거기에 미인지 고객을 더해 9개로 만듭니다. 즉 9세그맵 분석은 고객 피라미드를 오른쪽으로 90도 돌리고, 브랜드 선호도 축을 추가한 모양이 됩니다.

여기에서 브랜드 선호도란, 한 번 구매한 사람이 또 이 브랜드를 구입 내지 사용할 마음이 있는지 여부를 말합니다. 구체적으로는 기초 편에서 사용한 3가지 질문(인지, 구매, 빈도)에 추가로 '해당 카테고리에서 다음에 구입/사용하고 싶은 브랜드(는 어느 것인가)'라는 질문을 더하면 됩니다.

그 브랜드를 알고 있는가?(인지)

지금까지 산 적이 있는가?(구매)

어느 정도의 빈도로 구입하고 있는가?(매일, 매월, 3개월에 한 번, 최근에는 사지 않았다…… 등의 구매 빈도)

이 카테고리에서 다음에도 구입/사용하고 싶은 브랜드는 다음 중 어느 것인가?(자사와 경쟁 브랜드를 나열한다)

※단순히 '좋다', '싫다'와 같은 평가가 아니라, 재구매할 의사가 있는지, 본인이 사용할 것인지 선물용인지를 물어본다.

구체적으로 설명하면 경쟁 브랜드를 포함한 선택지에서 재구매 의사를 단일 답변이나 복수 답변으로 알아냅니다. 그리고 자사 브랜드가 선택된 비율을 브랜드 선호도로 활용합니다. 이 조사를 통해 고객을 다음 9가지 종류의 세그먼트로 분류할 수 있습니다.

1. 적극 충성 고객 – 대량으로 구입(사용)하고, 충성도가 높으며 고객층에서 이탈할 위험이 낮은 층.

2. 소극 충성 고객 – 대량으로 구입(사용)하고 있지만, 충성도가 낮고 고객층에서 이탈할 위험이 높은 층.

3. 적극 일반 고객 – 구입량은 적지만 충성도가 높고, 적극 충성 고객이 될 가능성이 높은 층. 대량으로 구입하지 않는 이유로는 경쟁 브랜드의 충성 고객이거나, 구매처 부족, 매장 내 노출 부족, 상

품의 편익성에는 만족하지만 가격이 합리적이라고 느끼거나 충성
도로 연결될 만한 독자성을 이해하지 못했거나 인지하지 못함 등.
그 이유를 발견해서 해결책을 제안한다면 적극 충성 고객층으로
이동할 가능성은 높다.

4 소극 일반 고객 – 구입량이 적고 충성도도 낮으며, 이탈 가능성
이 높은 일회성 고객층. 거의 모든 상품이 이 고객 수가 가장 많다.

5 적극 이반 고객 – 충성도가 높지만 어떠한 이유로 구입하지 않게
된 층. 경쟁 브랜드나 다른 카테고리의 대체 상품으로 이동했거나,
이사 등 물리적으로 판매망의 범주에서 벗어나버린 경우, 가족 구
성원의 변화나 출산, 육아와 같은 라이프스타일의 변화 등을 계기
로 발생. 다시 한 번 고객으로 만드는 것은 비교적 간단하다.

6 소극 이반 고객 – 경쟁 브랜드나 다른 카테고리의 대체 상품으로
이동한 경우나 수요 자체가 없어진 경우. 현재 구입하고 있지 않
으며, 충성도도 낮은 층.

7 적극 인지·미구매 고객 – 독자성과 편익성의 이해가 낮거나 구
입의 계기가 없어서 고객이 되지 못한 층. 또는 판매망이 닿지 않
아 구입 장면을 인지하지 못한 경우 등.

8 소극 인지·미구매 고객 – 독자성과 편익성의 이해가 얕거나 구
입해야 할 강력한 이유, 계기가 없는 고객층.

9 미인지 고객 – 상품명을 인지하지 못하고, 구입까지의 허들이 가

장 높은 층. 거의 모든 상품이나 서비스에서 가장 큰 세그먼트를 차지한다. 이노베이터 이론에서 말하는 레이트메이저리티, 레거드가 대부분을 차지하며, 중장기적으로 안정적인 성장을 지향한다면 반드시 개척해야 할 층이다.

◐ 판매 촉진과 브랜딩 가시화하기

9세그맵의 가로축은 왼쪽부터 순서대로 '충성(빈도 높음·구매액 높음), 일반, 이반, 인지·미구매, 미인지'입니다. 그리고 세로축의 위쪽이 브랜드 선호도 높음, 아래쪽이 선호도 낮음으로 나뉩니다. 여기서 9번째의 미인지를 제외한 홀수의 세그먼트는 충성도가 높고, 짝수 세그먼트는 충성도가 낮다고 할 수 있습니다(그림 3-4). 이때의 각 세그먼트에 대해서도 고객 피라미드와 마찬가지로 설문조사에서 도출한 비율에 인구수를 곱하면 추정 인원을 산출할 수 있습니다. 그 수를 시간축으로 추적하면 대책에 대한 투자 효과도 파악할 수 있습니다.

이 그림의 큰 특징은 '오른쪽에서 왼쪽으로의 이동'이 고객수와 매출 증가로 연결되는, 이른바 '판매 촉진' 효과로 볼 수 있다는 것입니다. 동시에 '하단에서 상단으로의 이동'은 지금

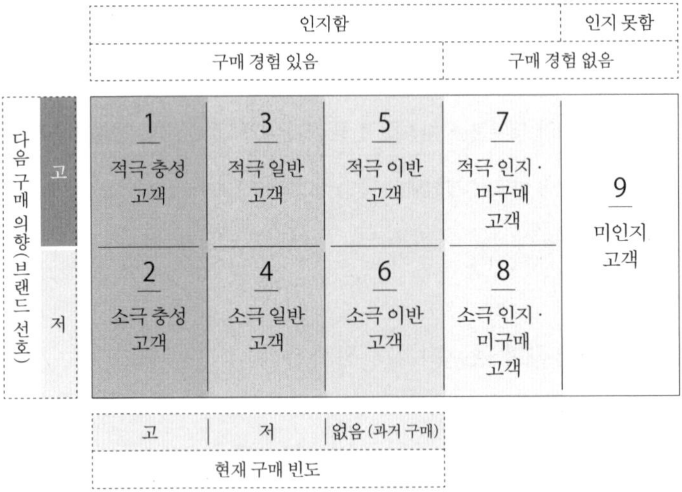

	인지함				인지 못함
	구매 경험 있음			구매 경험 없음	
고	1 적극 충성 고객	3 적극 일반 고객	5 적극 이반 고객	7 적극 인지·미구매 고객	9 미인지 고객
저	2 소극 충성 고객	4 소극 일반 고객	6 소극 이반 고객	8 소극 인지·미구매 고객	
	고	저	없음(과거 구매)		
	현재 구매 빈도				

다음 구매 의향(브랜드 선호)

< 그림 3-4 > '9세그맵'의 고객 분석

까지 가시화할 수 없었던 '브랜딩'(다음 구매 의향, 사용 의향) 효과로 볼 수 있습니다. 따라서 왼쪽 상단으로 이동하면 구매 의향이 늘어나고 실제로 구입하고 싶다는 것이기 때문에 판매 촉진과 브랜딩 양쪽이 모두 이루어진 거라고 할 수 있습니다.

이 프레임워크는 지금까지는 종합적으로 볼 수 없었던 고객 확대, 매출 확대라는 판매 촉진적인 변화와 고객의 충성도 구축이라는 브랜딩적인 변화를 동시에 가시화, 수치화하여 종합적인 마케팅 논의를 가능하게 합니다.

판촉의 효과는 구입한 사람 수나 금액, 빈도라는 행동 데이터를 얻으면 파악할 수 있는 것이기 때문에 효과를 측정하기 쉽습니다. 하지만 브랜딩에 대해서는 그 정의도, 효과를 수치화할 수 있는 지표도 모호합니다. 이른바 크리에이티브 영역이기 때문에 일반적으로 예술이라 평가받을 때도 많아, 과학적으로는 설명·분석할 수 없다는 것이 당연시되어 어느새 '성역'이 되어버렸습니다. 마케팅업계 내에서도 '판촉 효과 vs 브랜딩'에 대한 논의가 오랜 기간 계속되고 있어, CMO(Chief Marketing Officer : 최고마케팅책임자)나 마케팅 담당자를 고민하게 만드는 테마였습니다. 판매 촉진이나 SNS 마케팅을 주 업무로 하는 쪽은 브랜딩을 쓸데없는 투자라고 느끼는 한편, TV 광고나 디자인, PR을 주 업무로 하는 쪽은 브랜딩이야말로 모든 것이라고 생각하기 때문에, '수치화할 수 없는 크리에이티브가 중요하다'라는 궤변도 나옵니다. '판매 촉진은 일회성에 지나지 않는, 단기적인 사고다'라는 의견도 자주 듣습니다.

하지만 고객 중심으로 생각해본다면 이러한 대립은 아무 의미가 없습니다. 9세그맵 분석을 통해 세그먼트별 N1 분석과 전략 구축, 잠재력 평가를 하게 되면, 판매 촉진 활동과 브랜딩 구축을 위한 투자를 종합적으로 논의할 수 있습니다. '브랜딩'을 목적으로 한, 거의 절반은 성역화되어 있는 마케팅 투자 효과를 9세그맵의 움직임으로 확인해보시길 바랍니다. 만약 고객층이 아래쪽에서 위쪽으로 이동하지 않는다면, 즉 고객들의 구매 의향이 높아지지 않는다면 그것은 '브랜딩'이 아닙니다. 반드시 고객 시점에서 '브랜딩' 작업을 해야 합니다.

◐ 9개의 세그먼트는 다이내믹하게 움직인다

고객은 자사 브랜드와 경쟁사, 대체 상품 사이에서 계속해서 움직이기 때문에, 자사의 9세그맵 내용도 크게 움직이고 있다고 할 수 있습니다. 이 다이내믹함을 가시화하여 이해하고, 새로운 '아이디어'로 구매 행동뿐 아니라 심리적인 브랜드 선호도를 높여서, 고객 전체와 충성 고객층을 확대해나가는 것이 바로 마케팅입니다.

　마케팅 투자를 실행하고 9세그맵을 분석했을 때, 오른쪽에서 왼쪽으로 고객 증가나 매출 증가가 보이고, 아래쪽에서 위쪽으로의 브랜딩 향상이 나타나면 기분이 참 좋습니다. 하지만 시간을 들여 지속적으로 마케팅에 투자하고 있음에도 불구하고, 그 반대의 흐름이 보일 때가 있습니다. 매출이 줄거나(왼쪽에서 오른쪽으로), 마음이 멀어지는(브랜드 선호의 저하/위에서 아래로) 부정적 변화입니다.

9세그맵은 당연히 경쟁사에도 존재합니다. 그리고 자사 브랜드 고객은 그 경쟁사의 세그먼트 안에도 들어 있으며 다이내믹하게 움직이고 있습니다. 기초 편에서 해설한 '오버랩 분석'에서 나타났던 경쟁 유저와의 중복은 9세그맵으로 옮겨왔을 때도 발생합니다.

많은 마케터들이 자사 상품에 대해서는 주목하면서도, 경쟁 상품의 움직임은 보지 않습니다. 더 나아가 고객의 시선으로, 어떤 변화가 일어나고 있는지 보지 못하는 때가 많습니다. 시장에는 매일 셀링포인트를 갖춘 다양한 신상품과 서비스가 끊임없이 쏟아지기 때문에 고객의 선택지는 계속해서 늘어가고 있습니다.

그중 새로운 '프로덕트 아이디어'가 충분히 매력적일 경우에 고객들은 그쪽으로 이동합니다. 만족도에 따라 고객이 재구매를 할 수도 있고 그렇지 않은 경우도 있으며, 병용하는 경우도 있습니다.

특히 9세그맵에서 짝수 번호로 나타나는, 충성도가 낮은 고객층은 경쟁사나 대체 상품으로 이동하는 속도가 빠릅니다. 또한 홀수 번호의, 충성도가 높은 층도 구매 빈도가 떨어지면서 오른쪽으로 이동합니다. 이런 변화는 정기적으로 추적해서 하루라도 빨리 파악해야 합니다. 행동과 심리에 관한 추가 조사와 N1 분석으로 고객들이 어떤 것을 대체 상품으로 인지했는지를 파악하고, 그 상품을 분석해야 합니다. 그 대응책으로 자사 상품의 '프로덕트 아이디어'와 '커뮤니케이션 아이디어'를 수정해나가야 합니다.

프로덕트 등장 초기의 충성 고객층에는 이노베이터와 얼리 어답터들이 많다고 앞에서도 말했지만, 이들의 특징은 경쟁 상품이나 대체 상품에 대한 반응 또한 빠르다는 것입니다. 이들은 새로운 '아이디어'를 감지하면 바로 행동합니다. 그 움직임이나 평가를 N1 분석으로 계속 따라가보면 사전에 리스크를 발견할 수 있습니다.

또 이와 반대로, 경쟁사의 9세그맵을 분석해서 소극 충성 고객을 알아내어 N1 분석을 해봅니다. 왜 그 고객이 소극적인지를 분석해서 그 점을 자사 상품이 해결해준다면, 그 고객층을 한 번에 빼앗아 올 수도 있습니다. 원래 브랜드 선호도 변화는 구매 행동의 선행 지표입니다.

대상 카테고리의 구매 사이클이나 사용 사이클에 따라 달라지겠지만, 브랜드 선호도가 하락하면 2~3개월이던 구매 사이클이 3~6개월로 변합니다. 구매 빈도와 매출이 동반 하락하는 현상입니다. 그러므로 브랜드 선호도 변화는 매출의 선행 지표로 주의 깊게 체크할 필요가 있습니다.

ⓔ 어떤 점 때문에 그 브랜드를 좋아하는지 파악하라

기초 편과 마찬가지로, 양적 조사 데이터를 9개의 고객층으로 분류하고, 각각의 차이를 비교 분석해서 가설을 만듭니다. N1 분석으로 그 가설을 검증하고, 심층 심리 조사를 거쳐 '아이디어'를 만들어냅니다. 고객 피라미드의 5세그맵과 비교했을 때, 9세그맵은 브랜드 선호 유무에 따라 분류할 수 있기 때문에, 어떤 점이 그 브랜드를 좋아하게 만드는지 찾아낼 수 있습니다. 그 후 이 '아이디어'로 콘셉트를 조사하고, 9세그맵 각각의 층이 얼마나 호의적으로 반응했는지를 보면, 판매 촉진의 효과(오른쪽에서 왼쪽으로)와 브랜딩 효과(아래에서 위로)를 검증할 수 있습니다(그림 3-5, 6).

원쪽 위로 이동하는 것이 이상적이겠지만(그림 3-7), 오른쪽 아래로 크게 이동하는 것이 보인다면, 단기적인 매출 증가로 끝날 가능성이 높습니다. 이때는 어떻게 해야 위쪽으로 이동(충성도 강화)할 수 있을지를 검증해야 합니다. 앞에서 소개한 록시땅의 사례(99쪽 참조)에서는 '누구나 기뻐하는 선물'이

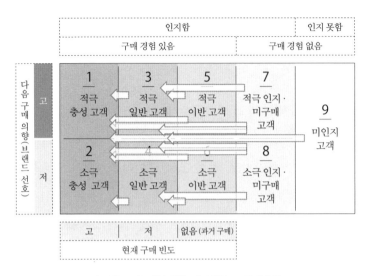

		인지함			인지 못함
		구매 경험 있음			구매 경험 없음

다음 구매 의향 (브랜드 선호)	고	1 적극 충성 고객	3 적극 일반 고객	5 적극 이반 고객	7 적극 인지· 미구매 고객	9 미인지 고객
	저	2 소극 충성 고객	4 소극 일반 고객	6 소극 이반 고객	8 소극 인지· 미구매 고객	

고	저	없음 (과거 구매)
	현재 구매 빈도	

< 그림 3-5 > 대표적인 3가지 전략 - 1 판매 촉진

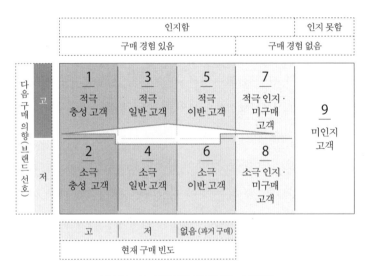

		인지함			인지 못함
		구매 경험 있음			구매 경험 없음

다음 구매 의향 (브랜드 선호)	고	1 적극 충성 고객	3 적극 일반 고객	5 적극 이반 고객	7 적극 인지· 미구매 고객	9 미인지 고객
	저	2 소극 충성 고객	4 소극 일반 고객	6 소극 이반 고객	8 소극 인지· 미구매 고객	

고	저	없음 (과거 구매)
	현재 구매 빈도	

< 그림 3-6 > 대표적인 3가지 전략 - 2 브랜딩

라는 '커뮤니케이션 아이디어'로 첫 구매를 촉진하고, 기초 스킨케어 상품(=프로덕트 아이디어)의 샘플 제공을 꼼꼼하게 챙기면서 충성 고객으로 만들었습니다. 이런 마케팅 전략도 9세그맵 분석을 바탕으로 실시한 것입니다. 매장이나 인터넷 쇼핑몰에 선물 목적으로 방문한 고객을 점점 왼쪽으로 이동(고객 증가/매출 증가)하게 만들면서, 기초 스킨케어에 관한 안내 메일이나 DM을 구성하여 왼쪽 상단으로 이동하게 했습니다. 선물 구매만을 목적으로 찾아온 고객은 구입 이유가 '선물하기 딱 좋다'라는 점이었기 때문에, 그 시점에서는 브랜드 선호도(다음 구매 의향)가 약하고 일회성 매출로 그치기 쉽습니다. 9세그맵 분석상 그 리스크가 보였기 때문에, 본인용 구매 의향을 높이는 데 효과적인 기초 스킨케어 추천을 철저하게 진행한 것입니다.

스마트뉴스는 '쿠폰 채널'이라는 새로운 '프로덕트 아이디어'로 많은 고객층이 오른쪽에서 왼쪽으로 이동, 즉 고객층 증가와 광고 수입 증가를 달성했습니다. 하지만 이런 전략만으로는 쿠폰이 필요할 때만 사용하는 소극 충성 고객과 소극 일반 고객이 증가할 뿐이었습니다. 이때 생각해낸 것은 메인 뉴스를 체험하거나 자신이 좋아하는 채널을 고를 수 있을 때 충성 고객의 수가 급증한다는(브랜드 선호도가 높아지는) 사실이

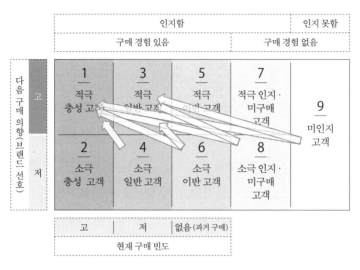

	인지함				인지 못함
	구매 경험 있음				구매 경험 없음

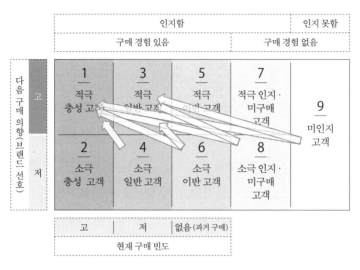

< 그림 3-7 > 대표적인 3가지 전략 – 3 판촉과 브랜딩

었습니다. 이 점에 착안해, 쿠폰 채널을 이용하는 고객에게는 반드시 메인 뉴스를 볼 수 있게 하고, 원하는 채널을 선택할 수 있다는 것을 강조해서 충성 고객화에 몰두하고 있습니다.

　판촉 활동은 효과가 빨리 나타나기 때문에 고객 이동이 오른쪽에서 왼쪽으로 비교적 쉽게 나타나지만, 충성도 형성에는 시간이 걸립니다. 무엇보다 중요한 것은 '프로덕트 아이디어', 그 자체입니다. 아무리 강력한 '커뮤니케이션 아이디어'를 제공한다고 해도 재구매 의향이 급속도로 높아지는 경우는 거의 없습니다.

세상의 모든 마케팅은 단기적으로 봤을 때 충성도가 낮은 고객층이 늘어나는 경향이 있기 때문에 '프로덕트 아이디어'를 강화하고 장기적으로 업그레이드하는 것이 가장 중요합니다. 그리고 이것을 잘하기 위해서는 9세그맵 분석에서 고객을 추적하는 것이 효과적입니다. 만약 이렇게 했는데 효과가 없다면 N1 분석으로 다시 돌아가 새로운 '아이디어' 발상에 몰두해야 합니다.

이것을 지속적으로 PDCA하면 고객에 대한 이해도가 비약적으로 깊어지고, 판촉과 브랜딩을 목적으로 하는 '아이디어' 발상의 정밀함과 속도 역시 반드시 높아집니다.

◑ 대체 상품이라는 리스크에 대비하라

9세그맵을 정기적으로 추적하면 조기에 리스크를 검출해서 막을 수 있습니다. 여기서 리스크라는 것은 오버랩 분석에서도 말했지만, 지금까지 시야에 들어오지 않았던 카테고리 외부에 존재하는 대체 상품의 위협입니다.

9세그맵상의 ②소극 충성 고객, ④소극 일반 고객, ⑥소극 이반 고객은 독자성과 편익성을 제공하는 경쟁사나 다른 업종의 대체 상품으로 급속히 이동할 수 있는 고객층입니다. '클레이튼 크리스텐슨'이 제창한, 이른바 '파괴적 이노베이션'도 이 고객층의 상당수가 빠져나가면서 시작됩니다.

'파괴적 이노베이션'이 될 만한 대체 상품은 첫 등장 시에는 인지도가 낮고 니치한 특징이 있고 매출이나 시장 점유율 같은 매크로 지표로는 잘 나타나지 않기 때문에 리스크를 발견하는 것이 늦어집니다. 매크로 지표상에 이 상품이 불러온 타격이 드러날 때는 이미 상당히 늦은 상태입니다. 해결책이나 대응책을 책정하고 실행하기 전까지는 계속 고객을 빼앗길 수밖에 없습니다. 각 세그먼트별로 고객의 구매 행동 변화뿐만 아니라, 심리 데이터와 N1 분석을 지속적으로 해야 미리 리스크를 잡아낼 수 있습니다.

또한 N1 분석 과정에서 지금까지 몰랐던 경쟁 상품이나 대체 상품의 이름이 등장했을 때는 주목해야 합니다. 이때 다시 자사 상품의 강약점을 분석하고, 대체 상품의 인지도가 올라갈 경우를 대비해서 대책을 모색해둬야 합니다. N1 분석의 중요성은 바로 여기에 있습니다.

다시 한 번 록시땅의 예를 들어보겠습니다. 이 회사는 헤어 케어 제품도 매출의 큰 부분을 차지하고 있었습니다. 9세그맵의 적극 충성과 소극 충성의 N1 인터뷰를 정기적으로 해본 결과, 어느 시기인가부터 소극 충성 고객이 온라인 판매 전용의 고급 헤어 상품으로 이동하기 시작했다는 것을 발견했습니다. 그때까지만 해도 소매점을 보유한 경쟁사들만 주시하고 있었는데, 이 온라인 판매 전용 상품에 대해 들어보니, '센스 있는 사람이 선택하는(알 만한 사람은 다 아는) 자연주의 헤어 케어'라는 록시땅의 '프로덕트 아이디어'와 비슷한 콘셉트를 내세워 고객을 빼앗기 시작했다는 것을 알게 되었습니다.

이 '프로덕트 아이디어'는 록시땅이 일본에 진출한 이후로 바뀐 적이 없습니다. 하지만 브랜드 인지도가 70%를 넘으면서 이미 대중적인 브랜드가 되었기 때문에, '센스 있는 사람이 선택하는' 콘셉트와 어울리지 않게 되었고, 바로 그 점 때문에 고객을 뺏기게 된 것입니다. 그래서 '프로덕트 아이디어'로 '누구나 기뻐하는 남프랑스의 대표적(원조) 헤어 케어'라는 새로운 콘셉트를 내세우고, '정석, 원조'라는 느낌에 힘을 실어 독자성을 강화하는 전략을 짰습니다. 그 후 이 '정석'이라는 독자성은 선물 제안과도 맞물리면서 고객을 증가시키고, 브랜드 선호도의 하락을 막을 수 있었습니다.

● 할인 전략의 득과 실

판촉 활동으로 가격 할인 등을 시행하면 그 효과가 즉시 나타납니다. 하지만 원래 '프로덕트 아이디어'라는 것은 할인 행사를 내세우면, 오른쪽에서 왼쪽으로 고객 이동은 빨리 일어나지만, 하단층의 사람 수가 늘어나게 됩니다. 가격 할인이 '프로덕트 아이디어'를 체감하게 도와주는 경우가 아니라면, 재구매로는 이어지지 않기 때문입니다. 어느 레스토랑이 할인 행사를 해서 처음 가봤는데, 맛이 없으면 다시 가지 않는 것과 마찬가지입니다.

또한 할인 전략은 지금까지 심리적으로 연결되어 있던 고객에게 이른바 '득템'이라는 뉘앙스를 강조해버리기 때문에, 그동안 쌓아올린 '브랜드 가치=프로덕트 아이디어의 가치'라는 생각을 깨뜨릴 수도 있습니다(그림 3-8). 그것의 전형이라 할 수 있는 것이 ①적극 충성 고객에게 포인트 제도와 같은 충성 프로그램을 홍보하는 것입니다. 그렇게 되면 어느새 포인트 획득이 목적이 되어버려 브랜드 선호도는 떨어질 수 있습니다. 결국 ①에서 ②로 떨어지게 됩니다. 가격 할인 같은 정책은 경쟁 상품이 같은 전략을 쓸 경우 고객의 유출을 막는 장벽이 될 수 있겠지만, 만약 경쟁사가 새로운 독자성이나 편

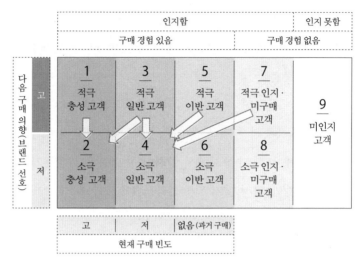

		인지함			인지 못함

| | | 구매 경험 있음 | | | 구매 경험 없음 |

		1 적극 충성 고객	3 적극 일반 고객	5 적극 이반 고객	7 적극 인지·미구매 고객	9 미인지 고객
	고				
	저	2 소극 충성 고객	4 소극 일반 고객	6 소극 이반 고객	8 소극 인지·미구매 고객

다음 구매 의향(브랜드 선호)

고	저	없음(과거 구매)

현재 구매 빈도

< 그림 3-8 > 할인 전략의 리스크

익성을 제시한다면 금세 고객을 빼앗길 리스크도 있습니다.

이 때문에 할인 전략은 브랜드 마케터가 주저할 수 있습니다. 하지만 '커뮤니케이션 아이디어'로 '프로덕트 아이디어'의 강점을 체험할 수 있게 마케팅하면 상승효과도 노려볼 만합니다. 중요한 것은 무엇보다 고객을 기점으로 한 판촉과 브랜딩 활동을 통해 종합적인 마케팅 전략을 만들어내는 것입니다.

또한 ⑦, ⑧의 인지·미구매층은 거의 대부분 구입이나 사용 경험이 있는 층보다 고객의 숫자가 많아서 앞으로 성장할 수 있는 잠재력이 높은 그룹입니다. 온라인 쇼핑몰이든 매장이든 구매 데이터로 세그먼트를 분석해서 마케팅을 전개하고 있지만, 대부분의 경우 이 층은 잘 보이지 않습니다. 이 층을 잘 파악하지 못하면 매출이 침체되기 시작할 때, 이제 '때가 지났다', '잠재력의 한계가 왔다' 등 근거 없는 판단으로 투자를 포기하여, 아직 더 투자해서 알려야 할 상품을 포기하기 쉽습니다. 그렇게 되지 않기 위해서라도 9세그맵 추적과 N1 분석을 기본 바탕으로 전략을 짜야 합니다.

◐ 세그먼트마다 달라지는 신규 획득 비용

또한 신규 고객을 획득하기 위해서는 인지도와 브랜드 선호의 유무에 따라 비용이 크게 달라집니다. 예를 들면, 세그먼트별로 디지털 마케팅의 고객 획득 비용을 비교했을 때, 인지 · 미구매층 ⑦, ⑧을 100%로 한 경우, 미인지층 ⑨에서는 160~220% 정도로 획득 비용이 상승합니다. 또한 브랜드 선호도가 있는 이반층과 인지 · 미구매층 ⑤, ⑦에 비해 브랜드 선호도가 없는 이반층과 인지 · 미구매층 ⑥, ⑧의 획득 비용은 200~300%로 올라갑니다(그림 3-9).

N1 마케팅

인지 · 미구매층 (⑦, ⑧)	100%		브랜드 선호도 있음 이반, 인지 · 미구매층 (⑤, ⑦)	100%
미인지층 (⑨)	160~220%		브랜드 선호도 없음 이반, 인지 · 미구매층 (⑥, ⑧)	200~300%

< 그림 3-9 > 디지털 마케팅의 비용 효율

브랜드나 크리에이티브에 따라 차이는 있지만, 저의 경험에서 보면 인지도와 브랜드 선호도 구축은 투자의 효율성에 반드시 영향을 미칩니다. 인지도와 브랜드 선호도를 KPI에 포함시켜 종합적으로 마케팅을 설계하는 이유가 바로 이 때문입니다.

3-2 9세그맵 분석으로 브랜드 가치를 높여라

⬤ **광고에 대한 호감도가 곧 제품에 대한 호감도는 아니다**

앞장에서 브랜딩은 이제 '성역'이 되었다고 말했습니다. 지금부터는 더 나아가 마케터가 전략적으로 전개하지 못했던 브랜딩을 분석해보겠습니다.

브랜드 선호도에 대해 다시 한 번 설명하자면, 단순히 '좋다, 싫다'의 문제가 아니라 '다음번에 또 구매할 의향이 있는지' 그 여부가 중요합니다. 이 두 가지는 명백히 다릅니다.

앞서 예로 든 마트의 사례에서 보면, 예전부터 집 앞에 있던 마트에는 친숙함이 있고, 점원을 잘 알거나 선호할 수도 있습니다. 언뜻 브랜드 선호도가 있는 것처럼 보입니다. 한편, 200미터 앞에 새로 생긴 마트나 온라인 쇼핑몰에는 친숙함이 없기 때문에 좋다, 싫다는 감정조차 없을 수 있습니다. 하지만 다음 구매 의향은 있을 가능성이 높습니다.

따라서 '좋다, 싫다'를 기준으로만 조사하면, 자사 제품이 이기고 있다 하더라도 잠재적으로는 신규로 진입한 마트로 고객의 관심이 옮겨가고 결국에는 이반 고객이 될 위험이 있습니다.

하지만 그런 분위기를 미리 파악하는 것은 불가능합니다. 그러다 보니 '우리 고객은 우리 브랜드를 매우 좋아하고 있지만, 왠지 전체 매출은 줄어들고 있다. 그 이유를 모르겠다'와 같은 생각을 하게 됩니다. 비즈니스의 세계이니만큼 브랜드를 단순히 '좋아한다'는 것이 '재구매한다'는 의향보다 우선시되어서는 안 됩니다.

또한 TV 광고가 인기를 끌고 있는데도 매출에는 별 반응이 없는 경우가 있는데, 이런 경우는 '프로덕트 아이디어'와 '커뮤니케이션 아이디어'에 '프로덕트 아이디어'를 잘 담아내지 못했기 때문입니다. 이런 경우에는 아무리 커뮤니케이션 아이디어가 독창적이고 기발해서 광고 랭킹 상위권에 들고 화제가 되어도 브랜드가 성장하고 있다는 느낌이 들지 않고, 실제로 매출액도 오르지 않습니다.

그 원인을 추궁한들 마케팅 담당자나 광고 대행사는 높은 광고 순위와 SNS상 나타나는 반응을 방패 삼아, '브랜딩은 성공적이다', '실검 1위를 찍었다'라는 말만 할 뿐입니다. 하지만 유감스럽게도 그런 것들은 전혀 의미가 없습니다. 광고 자체의 인기이지, 상품의 인기는 아니기 때문이죠.

광고에서 프로덕트의 편익성을 보여주지 않으면 아무리 광고 자체가 수작이고 호감도가 높아도 그 상품을 사고 싶은 마음이 들지 않습니다. 그저 마케팅 비용을 들여 광고 자체에 대한 호평을 받은 것일 뿐이지, 브랜딩에는 실패한 것이죠.

광고 효과를 착각하게 만드는 설문조사의 문제도 있습니다. TV 광고 후에 설문조사를 해보면 실제로 '그 브랜드를 좋아한다'라는 비율이 증가하기 때문에 마케팅 효과가 높다고 평가하는 경우가 많습니다.

그러나 이런 설문조사에 응하는 고객들은 TV 광고에 대한 평가와 상품 자체에 대한 평가를 구분하지 못합니다. 또 TV 광고에 대한 호감도를 상품에 대한 호감도로 계산하는 경우가 태반입니다.

그러므로 광고에 대한 호감을 제품 자체에 대한 호감으로 착각하지 않도록, 반드시 재구매 의향이 있는지 물어보는 것이 중요합니다. 실제로 과거에 히트했던 인기 광고 상품의 결산 보고나 시장 점유율을 보면, 고전하고 있는 브랜드가 상당히 많습니다. 광고 랭킹 상위 상품의 절반 이상이 광고 자체는 좋은 평가를 받았지만, 제품 판매에는 기여하지 못했다고 보면 됩니다.

◆ 편익성 없는 이미지는 브랜딩이 아니다

'브랜드'를 중요시하는 기업에서는 브랜딩 지표로 이미지 속성의 증감을 활용하는 경우도 많습니다. 브랜드나 카테고리의 기능 및 편익성, 또한 의인화한 이미지 속성(신뢰할 수 있는, 혁신적인, 기술력이 있는, 스타일이 멋진, 센스 있는, 고품질의, 고급의, 친구 같은……) 등을 말합니다. 이 계측은 N1 분석을 추가하면 새로운 '아이디어'를 발상하는 참고 지표로서 도움은 되지만, 이런 이미지 점수와 구매 의향은 상관관계가 없을 때가 많습니다.

예를 들면, 모든 브랜드가 추구하는 '혁신적', '고품질' 등의 이미지로 높은 점수를 딴 상품이라도, 그 점이 반드시 구매 의향을 좌우하지는 않습니다.

TV 광고 등으로 '혁신적', '고품질'을 내세우면 이미지 점수는 올라가지만, 구체적인 편익성으로 연결되지 않으면 구매 의향은 올라가지 않고, 실제로 구입하지도 않습니다. 현재 사용하고 있는 스마트폰에 만족하고 있는 사람에게 신상품 A가 '혁신적', '고품질'이라고 아무리 강조해도 소용이 없습니다.

중요한 것은 '프로덕트 아이디어'(독자성과 편익성)입니다. 이미지 속성과 구매 의향의 상관관계를 분석하고, 어떠한 이미지 속성이 구매를 이끌어내는지를 파악해서 이미지 콘셉트를 정해야 합니다.

구매 의향을 좌우하는 이미지 속성도 고객 세그먼트별로 많이 달라지기 때문에, 모든 층을 하나로 묶어 평가할 것이 아니라, 세그먼트별로 상관관계를 분석해야 합니다. 아마도 구매 의향은 '프로덕트 아이디어'에 관련 있는 편익성과 독자성을 갖고 있느냐에 따라 달라질 것입니다.

예를 들어 화장품이라면, 보습이라는 편익성과 관련하여 '독자적인 성분 A', '독자적인 처방 B' 같은 편익성을 뒷받침하는 독자적인 기능이 있어야 합니다.

여기서 주의해야 할 것은, 이미지 속성 때문에 팔리는 것이 아닐 수도 있다는 점입니다. 이미 그 상품에 대한 충성도가 높고 재구매 의사가 높은 고객에게서 나타나는 결과 지표일 수도 있다는 말입니다. 이를테면 적극 충성 고객이 높게 평가하는 이미지 속성을 다른 세그먼트에 있는 고객에게 어필해도 구매 행동이나 브랜드 선호도 향상으로 이어지지 않을 때가 있습니다. 그러므로 어떤 이미지 속성이 여러 세그먼트의 고객층에 해당되는 것인지, 아니면 이미 적극 충성 고객이 된 세그먼트에만 해당되는 것인지, 면밀하게 검토해볼 필요가 있습니다.

특히 충성도가 높은 고객은 그 상품의 거의 모든 이미지 속성에 높은 점수를 주기 때문에 다른 세그먼트에 있는 고객의 구매 의향을 높이는 요인을 찾아낼 수가 없습니다. 각 세그먼트별로 고객을 비교 분석하고, N1 고객화 과정을 그려보면서 인과관계를 되짚어보는 것이 중요합니다.

⏩ 이미지 브랜딩이 효과적인 인플루언서 마케팅

패션, 화장품, 라이프스타일 계열의 럭셔리 브랜드 기업 중에는 브랜드 이미지에 대한 고집이 강한 경우가 있습니다. 그중에는 이미지 브랜딩을 전략적으로 수행해서 효과를 얻는 경우도 있습니다.

그것은 바로 브랜드의 특정한 이미지 때문에 구매하는 충성 고객이 존재하는 경우, 그리고 그 충성 고객의 존재 자체가 구매 계기가 되는 고객층이 많은 경우입니다. 일부 열광적인 충성 지지층이 있고, 그 사람들을 따라서 다수의 일반 고객이 구입한다는 비즈니스 모델입니다.

이런 경우에는 충성 고객층에 특정 이미지 속성(혁신적인, 센스 있는, 고급인…… 등)을 공략·강화하면서, 그들의 지지나 애정을 '아이디어' 삼아 다른 세그먼트 고객들의 구매를 높이는 데 활용하는 마케팅 전략을 짤 수 있습니다(그림 3-10).

소수의 충성층을 대상으로 한 이미지 속성 강화와 구매 의사 향상, 이것 자체가 많은 일반 고객의 구매를 좌우하기 때문에 타깃 고객 전체에 똑같은 이미지 브랜딩이나 마케팅 포인트를 쓰면 안 됩니다.

세그먼트별로 무엇에 영향을 받는지를 확인하고 나서, 서로 다른 마케팅 전략을 실행해야 합니다. 인플루언서 마케팅도 이런 종류 중의 하나입니다. 연예인이나 셀럽 등 특정한 충성 고객층과 그들에게 영향받는 팔로워 고객이 많은 럭셔리 계열의 상품 마케팅에도 유효합니다. 만약 이러한 심리적 메커니즘이 통하지 않는 카테고리의 상품이라면 인플루언서 마케팅의 효과가 전혀 없습니다.

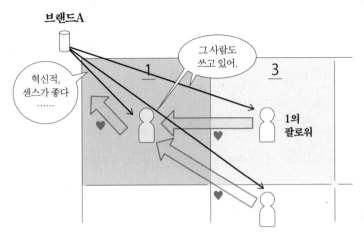

< 그림 3-10 > 이미지 브랜딩이 효과적인 경우

　어떤 모델이 갑자기 저렴한 가격의 식품, 음료 등의 소비재를 칭찬하고 권해도, 그 상품의 구입 계기가 '셀럽 사이에서 유행하고 있기 때문'이 아니라면, 기대만큼 팔리지는 않습니다.

◑ 소극 충성 고객이라는 리스크

좀 더 일반적인 상품의 예로, 대기업의 휴대전화 브랜딩을 생각해보겠습니다. 1장에서 소프트뱅크의 훌륭한 '커뮤니케이션 아이디어'와 '프로덕트 아이디어' 활용을 소개했습니다만,

현재는 휴대전화 시장 자체가 훨씬 더 대중화되었습니다. 요즘은 모든 기업이 기간 약정으로 단말기를 판매하고 있는데, 몇 년간의 지속 사용을 전제로 한 저렴한 가격은 강력한 구입 동기를 제공하긴 하지만, 충성 고객으로 만들지는 못합니다.

물론 약정 기간 동안에는 다른 브랜드로 옮겨갈 일이 없지만, 이것은 마치 경쟁력 없는 마트가 단지 물리적 거리 때문에 매출을 유지하고 있는 것과 마찬가지입니다. 단기적으로는 유효한 판매 촉진 활동이지만, 본질적인 독자성은 없고 충성도 형성이 불가능하다는 리스크를 안고 있습니다.

판매 촉진에 불과한 프로모션만 반복하다 보면 소극 충성 고객은 늘어나지만, 그 소극성을 보완해줄 진입 장벽은 낮아집니다. 타 브랜드의 진입을 막아주고, 소극 충성 고객을 계속 지킬 수 있다면 괜찮지만, 그렇지 않다면 단기간에 소극 충성 고객을 잃고 사업에 타격을 받을 수도 있습니다. 저렴한 스마트폰인 '알뜰폰'의 점유율이 늘어나고 있는 현상이 단적이 예입니다.

이는 대기업이 높은 진입 장벽을 만들지 못해 소극 충성 고객을 지키지 못한 예를 보여주고 있습니다(그림 3-11).

그와 반대로, 대기업이 기본요금을 크게 할인한다면, 저렴함이라는 알뜰폰의 편익성이 사라지기 때문에 그 시장 자체

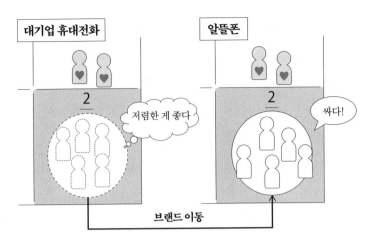

< 그림 3-11 > 알뜰폰의 시장 점유율 획득

가 소멸하게 됩니다. 대기업의 단기 이익률은 떨어지겠지만 과점은 지킬 수 있습니다. 대량의 고객을 유지할 수 있기 때문에, 중장기적으로 다른 수익 방법을 생각해둔다면 이 전략은 유효합니다.

일반 소매업에서 판매하는 식품이나 소비재도 마찬가지입니다. 영업력이나 판매 촉진의 투자를 지렛대로 삼아 많은 매장에 지속적으로 노출을 유지하면 소극 충성 고객을 지킬 수 있습니다. 하지만 독자성과 편익성(프로덕트 아이디어)을 내세운 경쟁사가 진입하면 단번에 빼앗길 리스크도 높습니다.

◐ 이미지 브랜딩보다 더 중요한 프로덕트 아이디어

아직 캐즘 현상을 겪고 있는데 인지도가 낮고 고객 수도 별로 없는 브랜드라면 자신의 '프로덕트 아이디어'를 훼손하는 마케팅 방법은 반드시 피해야 합니다.

그리고 제안하는 상품이 독자성을 동반한 편익성(프로덕트 아이디어)을 갖고 있는 한, 캐즘 현상에서 벗어날 때까지는 이미 갖고 있는 프로덕트 아이디어를 향상시키는 마케팅에 집중하는 것이 가장 좋은 방법입니다. 브랜딩이 필요하지 않다는 말이 아닙니다. 우선은 그 상품이나 서비스가 도대체 무엇을 위해 존재하는지, 애초에 '프로덕트 아이디어'를 잘 만드는 것이 가장 중요하다는 말입니다.

신상품을 계획할 때 이미지 속성인 브랜딩도 중요하지만, '프로덕트 아이디어' 자체가 독자성과 편익성을 갖고 있는지가 더 중요합니다. 이것이 충분하지 않은 상황에서 '커뮤니케이션 아이디어'를 우선해봤자 소용이 없습니다. 적어도 캐즘 현상을 넘어설 때까지는, 타깃 고객 전체에서 대략적인 인지도가 50% 이상을 넘을 때까지는 '프로덕트 아이디어'를 철저하게 강화하는 전략을 써야 합니다.

이것이 명확하다면, 인지도는 점차 올라가고 브랜드 선호도도 상승하게 마련입니다.

타깃 고객 전체에서 인지도가 50%를 넘으면서 메이저리티 층에도 고객이 생기기 시작하면, 그때부터 인지도 상승은 순조로워집니다.

이 단계에서 브랜드 선호도가 없는 2, 4, 6, 8층과 브랜드 선호도가 있는 1, 3, 5, 7층을 비교한 N1 분석을 통해 '커뮤니케이션 아이디어'를 개발해야 합니다. 그 아이디어를 콘셉트로 만들어 양적 설문조사를 통해 평가해보고, 순서대로 실행하면서 브랜드 선호도를 높여갑니다. 이 시점부터는 인지도보다 브랜드 선호도의 상승을 목표로 해야 합니다. 인지·미구매층(메이저리티층)의 고객화, 일반 고객의 충성화, 그리고 충성층의 슈퍼 충성화에 마케팅 투자를 해야 합니다.

브랜드를 만들 때부터 '프로덕트 아이디어'로서 온리원이라 말할 수 있는 독자성과 편익성을 철저하게 구축해서, 인지도를 높이고 체험할 수 있는 기회를 주는 것이 브랜드 성장의 기본입니다. '커뮤니케이션 아이디어'로 브랜드를 만들어낼 수 있는 것은 아닙니다.

【 3장 핵심 메시지 】

❶ 9세그맵 분석으로 판촉과 브랜딩을 동시에 가시화한다.

❷ 브랜딩은 계측이 가능하며, 투자 대상으로서 과학적으로 논의해
야 한다.

❸ 고객은 다이내믹하게 경쟁 상품이나 대체 상품을 병용하고, 빈번
하게 세그먼트 사이를 이동한다.

실제 설문조사를 사용한
일본 자동차업계의 9세그맵 분석

일본 자동차업계의 각 브랜드에 대한 간단한 온라인 설문조사를 통해 9세그맵을 분석해봤습니다. 자동차는 고객이 스스로 구입하고 단기간에 스스로 소비하는 일반 소비재와 비교했을 때, 몇 가지 특징이 있습니다. 우선 자가용과 업무용, 그리고 신차와 중고차, 리스 등이 있습니다만, 여기에서는 신차와 중고, 리스까지 포함한 자가용을 대상으로 하겠습니다. 자가용의 평균 구매 사이클을 조사하면 6, 7년으로 긴 편이며, 여러 대를 소유하는 고객도 많습니다. 또한 가족용의 경우, 구매자와 소유자, 일상적인 사용자가 다르기도 하며, 세대주가 구매를 했어도 의사 결정은 배우자가 하는 경우도 있습니다.

이렇게 다양하고 복잡한 사정이 존재하지만, 이 설문조사에서는 업계의 전체적인 느낌과 주요 브랜드 간의 고객 차이를 파악하는 것을 목적으로, '어떤 차를 자가용으로서 소유하고 있다고 스스로 인식하고 있는 사람들'을 대상으로 했습니다. 구매자이지만 소유자가 아닌 경우나, 현재는 소유하고 있지 않지만 앞으로 소유할 가능성이 있는 사람은 제외했습니다.

그것을 전제로, 자가용을 소유하고 있는 전국의 1300명(18~69세 남녀)에게 ①주요 자동차 브랜드의 인지도 ②소유 경험(현재 소유하고 있는 브랜드와 이전에 소유했던 브랜드) ③다음에 구매하고 싶은 브랜드를 묻는 설문조사를 실시했습니다. 구매 사이클이 길기 때문에, 과거에 소유했던 브랜드와 현재 소유하고 있는 브랜드가 일치하는 고객을 현재 소유 브랜드의 충성 고객으로, 일치하지 않는 경우는 현재 사용하고 있는 브랜드의 일반 고객으로 분류했습니다. 조사 시기는 2019년 1월 15~18일, 비용은 6만 8000엔이었습니다. 샘플 사이즈가 작은 편이기 때문에, 정밀한 통계 분석은 어렵겠지만, 개요를 파악하기에는 충분합니다.

조사 결과, 현재 소유자가 한 명이라도 존재하는 브랜드는 총 15종이었습니다. 이제 조사 결과의 개요와 어떤 분석이 가능한지를 소개하겠습니다. 신차와 중고차를 포함한 소유 조

N1 마케팅

사이기 때문에, 일본자동차판매협회가 발표하는 등록 대수, 시장 점유율(신차 판매)과는 다르지만, 그 자료도 참조하면서 7개의 주요 브랜드를 살펴보겠습니다. 우선 소유자 점유율을 보면, 도요타(36.8%), 혼다(22.2%), 닛산(17.4%)의 순서였습니다. 2018년의 공식 등록 대수 시장 점유율과 수치는 다르지만, 대략적인 순위는 같습니다. 다른 점은 미쓰비시 소유자가 많다는 것입니다(6.6%).

현재 소유자의 브랜드 선호도, 즉 9세그맵의 틀에서 봤을 때 (1+3)/(1+2+3+4)를 보면(그림 속①), 도요타(50.7%)가 압도적으로 강하고, 렉서스(47.4%)도 높은 가격대다운 강세를 보여 도요타 그룹의 브랜딩 전략이 강하다는 것을 알 수 있습니다. 이 전략을 더 자세히 평가하기 위해서는 도요타와 렉서스의 오버랩 분석을 해야 합니다. 그러면 도요타와 렉서스 간의 고객 이동을 평가할 수 있으며, 렉서스의 적극 일반층의 이전 소유 브랜드를 조사하면 도요타에서 렉서스로의 이동도 평가할 수 있습니다. 여기에 닛산이나 혼다 등 타 브랜드와의 오버랩 분석을 해본다면, 도요타 그룹의 2개 브랜드 전략의 평가와 자가용 소유자의 큰 흐름이 보일 것입니다. 거기다 도요타에서 렉서스로, 타 브랜드에서 도요타 혹은 렉서스로 이동한 고객, 거꾸로 타 브랜드로 유출된 고객을 더 찾아낼 수 있는 분석도 가능합니다. 차종을 포함하여 행동 데이터와 심리 데이터를 분석하고 N1 분석까지 한다면 신상품 개발의 가능성도 포함한 5W1H 마케팅 전략을 책정할 수 있습니다.

이 조사에서는 빠진 르노도 추가한다면, 닛산 그룹 내의 닛산, 르노, 미쓰비시에 관해서도 같은 분석이 가능합니다. 구체적인 기회와 리스크가 보이고, 관계자가 아니더라도 어느 정도의 전략 구축이 가능할 것입니다. 소유자 점유율이 등록 대수 점유율보다 크게 나온 미쓰비시의 경우, 왜 브랜드 선호도가 낮은지(12.8%) 그 이유도 알아보고 싶습니다.

*

다음으로는 현재 소유자 수에 비해, 현재는 소유하고 있지 않지만 다음 구매 의향을 갖고 있는 '잠재고객층'의 비율을 '성장 잠재성'으로서 살펴보겠습니다((5+7)/(1+2+3+4), 그림 속의 ②). 렉서스(189.5%)가 높은 가격대답게 강세를 보이고 있지만, 스바루(54.7%)와 마쓰다(50.7%)도 일반적인 가격대인 것에 비하면 대단히 높은 성장 잠재력이 있는 것으로 보입니다. 그와 반대로, 현재 소유자들 사이에서 높은 브랜드 선호도를 획득한 도요타의 '성장 잠재력'은 낮습니다(19.4%). 우선 소유자의 모수 자체가 이미 크고, 오랜 기간 1위를 유지하고 있기 때문에 잠재적 구입자의 상당수를 이미 흡수하고 있다고도 말할 수 있습니다. 일본 내 판매처 수가 압도적으로 많은 것도 그 이유 중의 하나라고 보이며, 렉서스에 주력하고 있는 이유도 명확합니다.

이반율을 살펴보면((5+6)/(1+2+3+4), 그림 속 ③), 도요타(50.5%)와 혼다(77.2%)의 경우에는 고객 유지율을 실현하고 있는 한편, 다른 브랜드의 경우에는 꽤 높은 편입니다. 이럴 경우 이반 고객의 N1 인터뷰를 해서 그 이유와 계기를 깊이 알아볼 필요가 있습니다.

특히 스바루와 마쓰다는 '성장 잠재력' 지표가 높은 한편, 이반율도 높기 때문에 '프로덕트 아이디어'나 '커뮤니케이션 아이디어'를 다른 고객 세그먼트에도 병행해서 전개해야 큰 기회가 생길 거라 생각합니다. 이반 고객이 이동한 브랜드나 다음 구매 의향을 보여주는 고객의 현재 브랜드를 오버랩 분석으로 확인하여 각각 비교 분석한다면, 라이프스타일의 변화나 자동차에 기대하는 또 다른 니즈가 보일 것이 틀림없습니다. 여기서 차이가 생기는 이유를 이해할 수 있다면, 이반 방지와 신규 획득이라는 2가지의 다른 '아이디어'를 만들어 낼 수 있습니다. 구체적인 신상품 개발이나 개선안을 포함한

온라인 설문조사 2019년 1월 (N = 1300)

(사람 수)	도요타	혼다	닛산	스바루	미쓰비시	마쓰다	렉서스
1 적극 충성	214	93	47	16	10	20	7
2 소극 충성	140	110	90	23	35	22	7
3 적극 일반	29	11	9	3	1	3	2
4 소극 일반	96	75	80	22	40	26	3
5 적극 이반	36	22	12	4	0	5	5
6 소극 이반	206	201	274	106	201	147	32
7 적극 인지·미소유	57	34	22	31	2	31	31
8 소극 인지·미소유	499	732	744	1068	982	1021	1172
9 미인지	23	22	22	27	29	25	41
합계	1300	1300	1300	1300	1300	1300	1300

브랜드별 9세그맵 분포도	도요타	혼다	닛산	스바루	미쓰비시	마쓰다	렉서스
1 적극 충성	16.5%	7.2%	3.6%	1.2%	0.8%	1.5%	0.5%
2 소극 충성	10.8%	8.5%	6.9%	1.8%	2.7%	1.7%	0.5%
3 적극 일반	2.2%	0.8%	0.7%	0.2%	0.1%	0.2%	0.2%
4 소극 일반	7.4%	5.8%	6.2%	1.7%	3.1%	2.0%	0.2%
5 적극 이반	2.8%	1.7%	0.9%	0.3%	0.0%	0.4%	0.4%
6 소극 이반	15.8%	15.5%	21.1%	8.2%	15.5%	11.3%	2.5%
7 적극 인지·미소유	4.4%	2.6%	1.7%	2.4%	0.2%	2.4%	2.4%
8 소극 인지·미소유	38.4%	56.3%	57.2%	82.2%	75.5%	78.5%	90.2%
9 미인지	1.8%	1.7%	1.7%	2.1%	2.2%	1.9%	3.2%
합계	100%	100%	100%	100%	100%	100%	100%

	도요타	혼다	닛산	스바루	미쓰비시	마쓰다	렉서스	
소유 시장 점유율 (1+2+3+4)/1300	36.8%	22.2%	17.4%	4.9%	6.6%	5.5%	1.5%	
현재소유자의 브랜드 선호도 (1+3)/(1+2+3+4)	50.7%	36.0%	24.8%	29.7%	12.8%	32.4%	47.4%	— ①
성장 잠재력 (5+7)/(1+2+3+4)	19.4%	19.4%	15.0%	54.7%	2.3%	50.7%	189.5%	— ②
이반율 (5+6)/(1+2+3+4)	50.5%	77.2%	126.5%	171.9%	233.7%	214.1%	194.7%	— ③

참고 : 일본자동차판매협회연합회 등록자 시장 점유율

2018년 1~12월	도요타	혼다	닛산	스바루	미쓰비시	마쓰다	렉서스
등록차 시장 점유율	47.1%	11.9%	9.6%	4.2%	1.0%	5.6%	2.2%

마케팅 전략도 입안할 수 있습니다. 그것들을 모순 없이 실행할 수 있는지의 여부는 검증이 필요하지만, 서로 다른 고객 세그먼트를 파고 들어가서 해결책을 생각해내는 것이 중요합니다.

이와 같이 9세그맵이라는 프레임워크를 활용하는 것만으로, 다양한 가설 설정이 가능하고 고객을 이해하려는 의식에 집중할 수 있습니다. 재미있는 점은 이런 분석은 관계자가 아니어도 해볼 수 있다는 것입니다. 이번에는 어디까지나 실례 소개를 위한 1회 조사였지만, 구매자와 소유자와의 관계, 신차와 중고차, 차의 종류 등을 추가한 행동 데이터와 이미지 속성 분석 등의 심리 데이터를 더해 N1 분석과 가설 설정을 반복하면, 대단히 밀도 있고 효과적인 전략 입안과 '아이디어' 발상으로 이어질 수 있습니다. 바꿔 말하면, 그 이외의 조사는 그다지 필요가 없다고 생각합니다.

N1 Marketing

4장

[케이스 스터디]
스마트뉴스의 N1 분석과
아이디어 발상

이 장에서는 제가 스마트뉴스에서 시행했던 일련의 대책을 구체적으로 소개하겠습니다. 그 이전에 '하다라보'나 록시땅도 같은 프로세스로 마케팅 작업을 했고, 그 밖에도 다양한 새로운 브랜드를 개발해왔습니다. 이번 장은 독자 여러분이 담당하고 있는 브랜드를 염두에 두고 읽어보시면, 지금까지 배운 마케팅 프레임워크를 실전에 응용할 수 있을 것입니다.

스마트뉴스가 1년 만에 랭킹 1위가 된 비결은?

⭕ 마케팅 현장의 실제 프로세스

이 책의 앞부분에서 말한 대로, 스마트뉴스는 약 1년 만에 아이폰 앱 랭킹 100위권에서 1위로, 그리고 안드로이드 앱 랭킹에서도 1위를 차지했습니다. 여기서는 고객 피라미드와 9세그맵의 작성을 바탕으로, 구체적으로 어떤 분석을 통해 '아이디어'를 만들었고, 어떤 대책으로 베스트 결과를 얻었는지 상세하게 소개하겠습니다. 대략적인 흐름을 시간순으로 소개하면 다음과 같습니다.

2017년

- 2월, 경쟁사를 포함한 온라인 설문조사로 고객 피라미드를 작성하고 기본적인 고객 분석을 실행.

- 4월, 다시 한 번 온라인 설문조사로 고객 피라미드와 9세그맵을 작성하고, 또한 인구분포나 이미지 속성의 인지를 확인, 세그먼트별로 행동과 심리를 파악하여 오버랩 분석과 N1 분석을 실행.

- 5월, 30개 이상의 '아이디어' 발상, 그중에 19개 콘셉트 조사(콘셉트 테스트).

- 6월~, 평가가 높았던 콘셉트 중에서 초기에 개발할 수 있는 '월드 뉴스 채널' 개설을 준비.

- 8월, 앞으로의 효과 검증을 위해 다시 한 번 온라인 설문조사를 실시하고, 고객 피라미드와 9세그맵을 작성 / '월드 뉴스 채널' 개설.

- 9월, '월드 뉴스 채널'을 포함한 복수의 콘셉트를 바탕으로, 여배우 요시오카 리호가 등장하는 TV 광고를 7종류로 제작, 소규모 범위로 방영하여 투자 효과를 테스트.

- 10월, 투자 효과가 가장 높았던 '월드 뉴스 채널'의 TV 광고를 집중 방송.

- 12월, '월드 뉴스 채널'의 반응이 성공적. 콘셉트 테스트로 평가가 높았던 '쿠폰 채널'의 프로덕트 개발을 정식으로 개시.

2018년

- 3월, '쿠폰 채널' 개설.
- 4월, '쿠폰 채널'의 인지도 형성을 위해 개그맨 치토리 씨가 등장하는 TV 광고를 6종류로 제작, 소규모로 테스트해보고 투자 효율이 가장 높았던 1종류로 좁혀 집중 방송.

◑ 경쟁사 분석을 통해 고객의 인지도 분석

앞서 고객 기점 마케팅을 실천하려면 경쟁사를 분석하는 것이 매우 중요하다고 말했습니다. 1장부터 3장까지는 우선 사고방식을 배울 수 있도록 기본적으로 자사 브랜드의 분석과 '아이디어' 발상법을 소개하고, 경쟁사 분석에 대해서는 2장의 오버랩 분석으로 잠시 설명했습니다. 그러나 강력한 '아이디어'를 만드는 단서는 고객이 자사 브랜드와 타사 브랜드를 어떻게 인지하고 있는지, 어떻게 나눠 사용하는지에 숨어 있습니다. 이에 대한 분석을 하다 보면 강점과 약점, 기회요소와 위협요소가 뭔지 알 수 있습니다.

그래서 저는 항상 자사 브랜드를 조사할 때 경쟁 브랜드에 대한 조사, 분석까지 동시에 하면서 '아이디어' 발상에 집중

해왔습니다. 이 장에서는 그것을 바탕으로 스마트뉴스와 유사 브랜드로 받아들여지고 있는 경쟁 앱 A와의 비교 분석을 상세히 설명하겠습니다.

덧붙여 말하면, 고객 피라미드(5세그맵)와 9세그맵의 차이는 브랜드 선호도에 대한 질문을 더해 세그먼트가 5개에서 9개로 늘어난다는 것인데, 이렇게 분석의 단위가 늘어나면 세그먼트별로 통계학적인 유의차(有意差) 분석을 위해 조사 모수를 늘릴 필요가 있습니다. 예를 들면, 5세그맵에 필요한 조사 모수가 2000명인 경우, 9세그맵에서는 적어도 그것의 1.8배인 3600명 이상이 필요하며 비용도 늘어납니다.

또한 9세그맵 분석에는 시간과 수고가 발생하기 때문에, 단기간에 적은 비용으로 고객의 전체상을 파악하고 싶은 경우, 또는 대상 고객의 시장에 비해 브랜드 인지도가 낮거나 아예 신규인 경우는 우선 고객 피라미드를 활용하라고 권합니다. 그와 달리 브랜드 인지도가 이미 높아서 마케팅에 대한 투자를 감당할 수 있는 상태라면 처음부터 9세그맵을 도입하는 것이 바람직합니다.

⬤ 입사 전의 스마트뉴스
– 경쟁사를 포함한 기본적인 고객 분석

스마트뉴스는 2012년, '인터넷상의 다양한 뉴스나 정보를 어디서든 스마트폰으로 간단하게 읽을 수 있는 최초의 뉴스 앱'이라는 강력한 독자성과 편익성('프로덕트 아이디어')으로 금세 많은 고객을 획득했습니다. 뉴스를 전달하는 앱으로서 그 타깃 고객은 남녀노소 모두로 대단히 넓고, 명확하게 정의되지 않았습니다. 그 후 눈 깜짝할 사이에 다수의 경쟁사가 추격을 시작하는 바람에 독자성은 엷어지고 뉴스 앱 자체가 대중화되었습니다. 선구자였던 스마트뉴스도 2016년 중반부터는 고객 획득이 어려워지고 새로운 성장 전략이 필요해졌습니다.

그런 와중에 2017년 1월, 저는 스마트뉴스의 마케팅 책임자 자리를 제안받았습니다. 그 자리의 비전을 판단하기 위해 저는 먼저 고객 피라미드를 분석해봤습니다. 당시에는 아직 록시땅에 재직 중이라 점심시간 같은 때 주변 직원들에게 물어보니, 스마트뉴스를 알고 있는 사람은 대략 3분의 1 정도였습니다. 또한 경쟁사의 앱 A와 비교하는 의견도 많이 들을 수 있었습니다. 그래서 '매일 이용자'를 충성 고객, 그 이외의 이용자를 일반 고객으로 정의하고, 스마트뉴스와 경쟁사 A를 포함한 총 4가지 브랜드에 대한 온라인 간이 조사를 통해 고객 피라미드를 작성했습니다. 18~69세의 남녀 총 1236명(조사 모수)을 대상으로 5개의 질문을 조사한 비용은 약 6만 엔, 조사 설계에서 결과가 나오기까지 소요된 시간은 총 3일이었습니다. 그 질문은 다음과 같습니다.

[인터넷 조사 – 설문] 모바일 뉴스 앱에 대한 질문에 답해주세요.

① 알고 있는 브랜드명을 선택해주세요(복수 선택 가능).

— 스마트뉴스, 경쟁사 A, 경쟁사 B, 경쟁사 C

② 지금까지 사용해본 브랜드명을 선택해주세요(복수 선택 가능).

— 스마트뉴스, 경쟁사 A, 경쟁사 B, 경쟁사 C

③ 현재 사용하고 있는 브랜드명을 선택해주세요(복수 선택 가능).

— 스마트뉴스, 경쟁사 A, 경쟁사 B, 경쟁사 C

④ 사용 빈도가 어떻게 되는지 답해주세요.

— 매일, 매월, 그다지 사용하지 않는다, 사용하지 않는다.

⑤ 다음에 사용하고 싶은 브랜드명을 한 개만 골라주세요. (단일선택 · SA)

— 스마트뉴스, 경쟁사 A, 경쟁사 B, 경쟁사 C, 기타

우선 스마트뉴스와 경쟁사 A의 충성 고객부터 미인지 고객

	18~69세 남녀 N=1236 (2017년 2월 온라인 조사)		18~69세 남녀 8400(만 명) (총무성 인구추계)		경쟁사 A 대비
	스마트뉴스	경쟁사 A	스마트뉴스	경쟁사 A	10
인지도	29.0%	35.8%	2,436	3,007	81%
사용 경험	12.0%	10.5%	1,008	882	114%
충성 매일 사용(DAU)	4.9%	3.3%	412	277	148%
일반 매월 사용(MAU-DAU)	4.3%	2.9%	361	244	148%
이반(사용 경험 MAU-DAU)	2.8%	4.3%	235	361	65%
인지·미사용(인지·사용 경험)	17.0%	25.3%	1,428	2,125	67%
미인지도	71.0%	64.2%	5,964	5,393	111%
선호도(다음 사용 의향 SA)	7.8%	6.0%	655	504	130%
사용 경험/인지도	41%	29%			
매일 사용(DAU)/사용 경험	17%	9%			
매월 사용(MAU)/사용 경험	15%	8%			
이반/사용 경험	23%	41%			
선호도/인지도	27%	17%			

< 그림 4-1 > 스마트뉴스와 경쟁사 A의 고객 분석

까지 5세그맵의 비율을 정리하고 비교했습니다(그림 4-1). 예를 들어 충성 고객을 비교하면 각각 4.9%, 3.3%로, 스마트뉴스가 48% 높은 것을 알 수 있습니다. 그다음에 총무성에서 발표한 인구추계를 곱하여 스마트뉴스와 경쟁사 A의 각 세그먼트의 실제 사람 수를 산출하여 고객 피라미드를 작성했습니다(그림 4-2). 또한 인지도에서 사용 경험, 사용 경험에서 매일 사용 또는 매월 사용, 사용 경험에서 이반이라는 3가지 전환율과 인지층 전체(상위 4개 층)에 대한 선호도(다음 사용 의향)

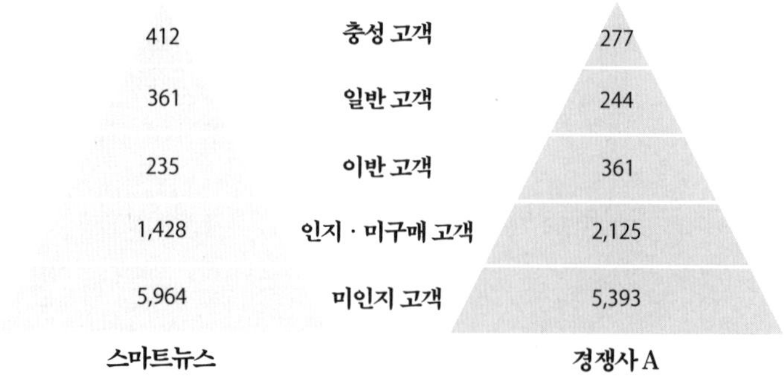

412	충성 고객	277
361	일반 고객	244
235	이반 고객	361
1,428	인지 · 미구매 고객	2,125
5,964	미인지 고객	5,393

스마트뉴스   경쟁사 A

(인구추계에서 계산 단위 : 백만)

< 그림 4-2 > 스마트뉴스와 경쟁사 A의 고객 피라미드

를 산출했습니다. 입사 전의 이 조사에서는 전체상을 파악하기 위해 선호도 조사는 했지만, 9세그맵 분석은 하지 않았습니다.

🔘 기본적인 고객 분석은 외부에서도 실시할 수 있다

이 정도 분석만으로도 스마트뉴스는 경쟁사 A에 비해 인지도는 낮지만, 인지한 이후 이용자가 되는 전환율(인지한 상태에서 사용 경험), 이용자의 지속성(사용 경험에서 매월 사용 또는 매일 사용)이 높고, 이반율은 낮으면서 다음 사용 의향의 비율(인지도)

도 높다는 것을 알 수 있었습니다. 그리고 스마트뉴스라는 상품 자체는 매력적이고 훌륭하기 때문에 한 번 고객이 되면 꾸준히 이용한다는 것을 확인했습니다. 고객 피라미드에서 봐도 충성 고객의 규모는 뒤처지지 않기 때문에, 우선 브랜드 인지도를 경쟁사 A 수준으로 끌어올리면서 이용 경험자가 되는 비율을 높이고 선호도의 마지노선을 꾸준히 유지하는 것이 마케팅의 과제라고 결론 내렸습니다.

다른 경쟁사 B와 C에 대해서도 이런 식으로 비교 분석했습니다. 그랬더니 애초에 뉴스 앱이라는 카테고리 시장에 대한 미인지층 및 인지·미사용층이 태반이었습니다. 이 시장 자체에 아직 큰 잠재력이 있다는 것을 알 수 있었습니다. 뉴스 앱의 등장 이후 5년 정도가 지나자 전성기가 끝났다는 말이 나왔지만 실상은 이노베이션 이론에서 말하는 메이저리티층을 전부 개척하지는 못했던 것입니다.

이와 같은 분석은 앞서 말한 것처럼 스마트뉴스에 입사하기 전에 해본 것입니다. 여기서 한 가지 말하고 싶은 것은, 자신이 직접 진행하고 있는 비즈니스가 아니더라도 이 정도의 고객 분석과 잠재력 분석은 얼마든지 가능하다는 것입니다.

무슨 일을 하든 어떤 판단(이 경우는 제가 스마트뉴스에 입사할지의 여부)이 필요할 때, 단순한 직관이나 주관적인 의견이 아니라, 실제 고객 데이터를 분석해서 결정 내린다면 더 정확하고 합리적으로 할 수 있습니다. 이제 고객 피라미드를 신규 사업 구상이나 시장 분석에도 활용할 수 있다는 것을 이해하셨을 겁니다.

저 역시 이 분석을 통해서 뉴스 앱의 시장성을 확인하고, 2017년 4월부터 스마트뉴스에서 일하게 되었습니다. 그리고 신규 고객 획득을 위한 '아이디어' 발상을 목표로, N1 분석의 대상 좁히기와 상세한 행동 및 심리 데이터 분석을 진행했습니다.

4-2 행동 데이터와 심리 데이터를 동시에 파악하라

⊙ 충성 고객의 심리에 아이디어가 숨어 있다

입사 전의 조사 결과를 보완하기 위해, 입사 후에 다시 한 번 스마트뉴스의 타깃인 20~60대 남녀를 대상으로 다음의 3가지에 대한 온라인 설문조사를 실시했습니다. 고객 피라미드와 9세그맵을 작성하여, 행동 데이터와 심리 데이터의 고객 세그먼트별 특징 분석과 경쟁사와의 비교도 거쳤습니다(N= 1200). 목적은 N1 분석의 대상이 될 고객상(像)과 분석해야 할 가설을 발견하는 것이었습니다.

① 연령, 성별, 직업, 거주 지역, 연 수입 등의 기본적인 인구동태 정보.

② 인터넷에서 어떤 정보를 필요로 하는가, 어떤 미디어를 통해 정보를 획득하는가?

③ 뉴스 앱에 관한 편익성과 특징, 이미지 속성.

우선 인구동태를 보면, 스마트뉴스의 충성층(매일 사용자＝DAU), 일반층(매월 사용자＝MAU, 단, 여기서는 DAU를 제외)은 남성으로, 50대 이상이 많고 남녀 비율은 7:3이었습니다. 동시에 인지·미사용층과 미인지층은 여성과 젊은 층에 몰려 있었습니다. 한편, 경쟁사 A는 현재 고객의 대다수가 젊은 여성층이었습니다.

그다음으로, 스마트뉴스의 충성층과 인지·미사용층을 비교해봤습니다. 그랬더니 특히 충성층이 '매일 사용한다', '신문 대신 본다', '다양한 카테고리의 정보가 있다', '내가 몰랐던 정보를 알려준다', '정보가 많다', '재미있는 정보가 많다', '친근하다', '조작하기 쉽다'라는 속성을 높이 평가하고 있었습니다. 그다음으로 높은 평가를 받은 것은 '엔터테인먼트 정보가 많다', '권외(圈外 : 휴대전화 서비스가 안 되는 지역)에서도 볼 수 있다', '유저가 많다', '기능적이다', '조작이 빠르다', '친숙하다', '정보를 믿을 수 있다', '중장년층도 즐길 수 있다'라

	스마트뉴스 충성 고객	스마트뉴스 인지 · 미사용 고객
매일 사용한다	◎	
신문 대신 본다	◎	
다양한 카테고리의 정보가 있다	◎	
내가 몰랐던 정보를 알려준다	◎	
정보가 많다	◎	
최신 정보를 가장 빨리 알 수 있다		
젊은이 대상이다		
재미있는 정보가 많다	◎	
친근하다	◎	
조작하기 쉽다	◎	
엔터테인먼트 정보가 많다	○	
권외에서도 볼 수 있다	○	
유저가 많다	○	
기능적이다	○	
비즈니스에 사용할 수 있다		
조작이 빠르다	○	
친숙하다	○	
정보를 믿을 수 있다	○	
특화한 분야의 정보를 얻을 수 있다		
성실하다		
중장년층도 즐길 수 있다	○	
쓸데없는 것이 없다		
엄선된 정보가 있다		
멋지다		
혁신적이다		
똑똑해지는 정보가 있다		
글로벌하다		
세련되었다		
만남 사이트 등의 정보가 없다		
설렌다		
거짓 정보가 없다		

※ 인지 · 미사용 고객에 비해 충성 고객 쪽이 특히 높았던 속성 이미지에 ◎
 그다음으로 높았던 속성 이미지에 ○를 표시

< 그림 4-3 > 스마트뉴스의 브랜드 내 세그먼트 비교

는 속성이었습니다(그림 4-3).

충성 고객이 높은 평가를 한 속성에는 그 상품을 사용하기 시작한 이유 혹은 지속적으로 사용하고 있는 이유가 숨어 있습니다. 또한 어느 쪽도 그다지 좋은 평가를 하지 않은 '최신 정보를 가장 빨리 알 수 있다', '젊은이 대상이다', '비즈니스에 사용할 수 있다', '특화한 분야의 정보를 얻을 수 있다', '성실하다' 같은 속성은 별로 중요하지 않다고 판단할 수 있습니다.

이렇게 충성층과 일반층, 또한 이반층도 비교 분석하여 각각의 차이를 확인하면서 가설을 만들어갑니다. 실제로 이렇게 브랜드 내의 세그먼트를 비교했을 때, 큰 차이를 보인 것은, '매일 사용한다', '신문 대신 본다', '내가 몰랐던 정보를 알려준다', '정보가 많다', '조작하기 쉽다' 이상 5가지였습니다. 즉, 이 속성을 담보한 독자성과 편익성의 조합(=아이디어)을 발견할 수 있는지에 집중하면 신규 고객 수를 크게 늘릴 수 있을 거라고 판단하자 방향성이 보이기 시작했습니다.

⏩ 고객 세그먼트별로 경쟁사와 비교하기

그리고 인지도에서 차이가 나는 경쟁사 A와 각각의 충성 고

	스마트뉴스 충성 고객	경쟁사 A 충성 고객
매일 사용한다		
신문 대신 본다	◎	
다양한 카테고리의 정보가 있다		
내가 몰랐던 정보를 알려준다	◎	
정보가 많다	◎	
최신 정보를 가장 빨리 알 수 있다		
젊은이 대상이다		◎
재미있는 정보가 많다		◎
친근하다		
조작하기 쉽다	◎	
엔터테인먼트 정보가 많다		◎
권외에서도 볼 수 있다	○	
유저가 많다		○
기능적이다		
비즈니스에 사용할 수 있다		
조작이 빠르다	○	
친숙하다		
정보를 믿을 수 있다		
특화한 분야의 정보를 얻을 수 있다		○
성실하다		
중장년층도 즐길 수 있다		
쓸데없는 것이 없다		
엄선된 정보가 있다		
멋지다		○
혁신적이다		
똑똑해지는 정보가 있다		
글로벌하다		
세련되었다		
만남 사이트 등의 정보가 없다		
설렌다		
거짓 정보가 없다		

※ 각각에서 특히 높던 속성 이미지에 ◎, 그다음으로 높았던 속성 이미지에 ○를 표시

< 그림 4-4 > 스마트뉴스와 경쟁사 A의 충성 고객 비교

객을 비교했습니다(그림 4-4). 스마트뉴스의 충성 고객은 '신문 대신 본다', '내가 몰랐던 정보를 알려준다', '정보가 많다', '조작하기 쉽다'는 점을 높게 평가하고, 그다음으로는 '권외에서도 볼 수 있다', '조작이 빠르다'를 높이 평가했습니다. 한편 경쟁사 A의 충성 고객은 '젊은이 대상이다', '재미있는 정보가 많다', '엔터테인먼트 정보가 많다'를 높게 평가하고, '유저가 많다', '특화한 분야의 정보를 얻을 수 있다', '멋지다'라고 평가하고 있었습니다. 앞서 말한 것처럼, 각각의 현재 고객을 봐도 스마트뉴스 유저의 70%는 중장년의 남성, 경쟁사 A는 젊은 여성이 많았습니다. 즉, 각 브랜드가 제공하고 있는 '프로덕트 아이디어'가 달라서, 서로 독자성을 갖고 나뉘어 있었다고 할 수 있습니다.

다음으로 인지·미사용 고객을 비교했습니다(그림 4-5). 스마트뉴스를 인지하고 있으면서 사용하지 않는 사람은 '신문 대신 본다', '조작하기 쉽다'라는 이미지를 강하게 갖고 있고, 그다음으로는 '권외에서도 볼 수 있다', '성실하다', '중장년층도 즐길 수 있다', '쓸데없는 것이 없다'는 점을 꼽았습니다. 한편 경쟁사 A를 인지하고 있으면서 사용하지 않는 사람은 '젊은이 대상이다', '재미있는 정보가 많다'라는 이미지가 강하고, 그다음으로는 '엔터테인먼트 정보가 많다'를 꼽고 있었습니다.

　여기서 발견한 점은, 각각의 충성 고객을 비교했을 때 스마트뉴스가 높은 평가를 받았던 '내가 몰랐던 정보를 알려준다', '정보가 많다', '조작하기 쉽다'라는 속성이 인지·미사용 고객들에게는 제대로 평가받지 못했다는 것입니다. 이런 데이터로 종합해보면 이 3가지 요소가 바로 스마트뉴스의 독자성이 될 가능성이 높습니다. 물론 이 정도의 비교 분석만으로 고객이 된 이유와 지속적으로 사용하고 있는 원인을 다 알아낼 수는 없지만 독자성과 편익성을 갖춘 아이디어를 만들어낼 수는 있습니다.

　한편, 경쟁사 A는 충성 고객이 높게 평가하고 있는 '젊은이 대상이다', '재미있는 정보가 많다', '엔터테인먼트 정보가 많다'라는 독자성을 갖고 있습니다. 그리고 이것을 인지·미사용 고객에게도 일관되게 전달하고 있지만 여전히 고객으로 만들지 못한 상태입니다. 즉, 경쟁사 A는 이 3가지의 독자성을 인지·미사용 고객도 사용할 만한 명확한 편익성으로 제공하지는 못했다고 할 수 있습니다. 따라서 이 점이 바로 스마트뉴스가 공략해야 할 기회로 보입니다. 실제로 스마트뉴스는 과거에 경쟁사 A에 대항하기 위해서 젊은이 대상의 '엔터테인먼트 정보' 강화를 몇 번인가 시도해봤지만, 눈에 띄는 결

	스마트뉴스 인지 · 미사용 고객	경쟁사 A 인지 · 미사용 고객
매일 사용한다		
신문 대신 본다	◎	
다양한 카테고리의 정보가 있다		
내가 몰랐던 정보를 알려준다		
정보가 많다		
최신 정보를 가장 빨리 알 수 있다		
젊은이 대상이다		◎
재미있는 정보가 많다		◎
친근하다		
조작하기 쉽다	◎	
엔터테인먼트 정보가 많다		○
권외에서도 볼 수 있다	○	
유저가 많다		
기능적이다		
비즈니스에 사용할 수 있다		
조작이 빠르다		
친숙하다		
정보를 믿을 수 있다		
특화한 분야의 정보를 얻을 수 있다		
성실하다	○	
중장년층도 즐길 수 있다	○	
쓸데없는 것이 없다	○	
엄선된 정보가 있다		
멋지다		
혁신적이다		
똑똑해지는 정보가 있다		
글로벌하다		
세련되었다		
만남 사이트 등의 정보가 없다		
설렌다		
거짓 정보가 없다		

※ 각각에서 특히 높았던 속성 이미지에 ◎, 그다음으로 높았던 속성 이미지에 ○를 표시

< 그림 4-5 > 스마트뉴스와 경쟁사 A의 인지 · 미사용 고객 비교

과로 이어지지는 않았습니다. 자신의 강점을 편익성으로 전달하지 못한 점은 경쟁사 A의 약점이지만, 애초에 스마트뉴스에는 이러한 속성 이미지가 존재하지도 않았기 때문에 강점이 될 수 없습니다. 그런 와중에 갑자기 '엔터테인먼트 정보'를 제공하기 시작해봤자 효과가 없는 것은 당연합니다. 이렇게 행동 데이터와 심리 데이터 분석을 통해 스마트뉴스는 자사의 3가지 강점, '내가 몰랐던 정보를 알려준다', '정보가 많다', '조작하기 쉽다'에 집중하고, 경쟁사 A가 강한 분야에서는 경쟁하지 않는 것이 유리하다고 판단했습니다.

또한 각각의 이반 고객도 비교 분석한 결과, 양쪽 모두 또다른 뉴스 앱이 아닌, SNS가 대체 상품으로 등장해 그쪽으로 고객이 이탈하고 있다는 걸 알게 되었습니다(그림 4-6). 동시에 경쟁사 A는 특유의 이탈 이유로 '광고가 많아 보기 불편해서', '정보가 편중되어 있어서', '정보가 너무 많아 찾기가 어려워서'라는 점이 크게 나타났습니다. 즉 스마트뉴스도 '정보가 많다'는 속성이 강점이기 때문에 경쟁사 A처럼 '정보가 너무 많아서 찾기 어렵다'로 빠져서는 안 된다는 힌트를 얻을 수 있었습니다.

	스마트뉴스 이반 고객	경쟁사 A 이반 고객
다른 SNS로도 최신 정보는 쫓아갈 수 있어서	◎	◎
뉴스의 출처가 수상해서	○	◎
앱의 용량이 커서	○	◎
사용법이 알기 어려워서	○	
광고가 많아 보기 불편해서		◎
SNS와 연동되지 않아서		
정보가 편중되어 있어서		◎
정보량이 너무 많아 찾기가 어려워서		◎
엔터테인먼트 정보가 적어서		
게재되어 있는 정보가 적어서		
권외에서는 볼 수 없어서		
비즈니스 분야의 정보가 적어서		○
그 밖의 이유		○

※ 각각에서 특히 높았던 이유에 ◎, 다음으로 높았던 이유에 ○를 표시

< 그림 4-6 > 스마트뉴스와 경쟁사 A의 이반 이유 비교

경쟁사와의 비교 분석으로 가설 도출하기

이렇게 행동 데이터에 더해 다양한 심리적 속성을 세그먼트별로 경쟁사까지 비교 분석한 후, 다음과 같은 가설에 이르렀습니다.

N1 마케팅

- 스마트뉴스는 인지·미사용 고객, 그리고 미인지 고객에게 '내가 몰랐던 정보를 알려준다', '정보가 많다', '간편하고 빠르다'를 축으로 한 매력적인 '아이디어'를 전달할 수 있다면, 많은 수의 고객을 일제히 고객으로 만들 가능성이 높다.

- 이 3가지 요소는 경쟁사 A에 비해서도 강하기 때문에, 낮은 이탈률(＝충성화)을 기대할 수 있지만, '내가 몰랐던 정보를 알려준다', '정보가 많다'를 추구함에 따라 경쟁사 A처럼 '정보량이 너무 많아서 찾기 어렵다'로 흘러가서는 안 된다.

- 실제 프로덕트로서 UX(User Experience·사용 경험)뿐만 아니라, 사용 전의 시점에서 3가지 요소와 동시에 UI(User Interface·사용 화면)에서 '편리성'을 전달한다면 고객 상승효과를 기대할 수 있다.

- 미래 고객화의 잠재력을 각 세그먼트의 %로부터 수량 계산하면, 인지·미사용 고객(17.0%)은 현재 고객(9.2%＝DAU 4.9%＋MAU 4.3%)의 1.85배(＝17.0%/9.2%)이고, 미인지층(71.0%)은 현재 고객의 7.72배(71.0%/9.2%)로 상당히 크다.

- 중장기적인 문제로서 뉴스 앱 카테고리 자체의 대체 상품이 된 SNS 카테고리에 대한 전략 ＝'아이디어' 발상이 필요하다.

한편, 회사 내에서는 앞으로의 성장을 위해서 애플이나 이

전의 소니와 같은 브랜딩 작업이 필요하다는 이야기가 자주 나왔습니다. 하지만 이에 대한 답은 확실합니다. 정량적으로 검증하기 위해서 스마트뉴스가 기대하고 있는 브랜드 이미지 즉 '혁신적인', '멋진', '글로벌한' 등의 속성 평가도 해봤지만, 이것이 고객화, 충성 고객화 추진에 중요한 속성은 아니라는 것이 명확해졌기 때문입니다. 그 이후엔 이미지 브랜딩에 대한 논의는 하지 않고, 앞에서 말한 '프로덕트 아이디어'를 위한 가설을 중심으로 고객 기점 마케팅을 진행했습니다.

4-3 | 새로운 프로덕트 아이디어 탄생, '뉴스를 보면서 영어 공부까지!'

● 고객 인터뷰와 상세한 오버랩 분석

지금까지 양적 분석과 함께 N1 분석을 진행해봤습니다. 스마트뉴스의 타깃은 남녀노소 모두로 대단히 넓기 때문에 저의 가족, 친구, 친구의 친구와 식사를 하게 되었을 때, 대화할 기회가 있을 때마다 스마트뉴스에 대해 물어봤습니다. 특히 주목한 것은, 인지는 하고 있지만 사용하지 않는 층, 그리고 인지하지 못한 층이 사용할 수 있게 만들 아이디어였습니다. 즉 '내가 몰랐던 정보를 알려준다', '정보가 많다'는 사실과 '조작하기 쉽다'를 축으로 한 아이디어를 만들어내는 것이었습니다.

N=1200		경쟁사 A					
		합계	충성 DAU	일반 MAU	이반	인지 · 미사용	미인지
스마트 뉴스	합계	1200	40	35	52	303	770
	충성 DAU	59	9	4	9	21	16
	일반 MAU	52	4	9	3	20	16
	이반	34	0	0	15	14	5
	인지 · 미사용	204	14	3	14	139	34
	미인지	851	13	19	11	109	699

< 그림 4-7 > 스마트뉴스와 경쟁사 A의 오버랩 분석

청취와 분석을 할 때는 이렇게 명확한 목적을 가지고 하는 것이 중요합니다.

N1 분석은 간단합니다. 양적 조사와 마찬가지로, 스마트뉴스와 경쟁사 A의 인지 여부, 사용 경험, 사용 빈도를 물어보고 그 사람이 고객 세그먼트의 어느 층에 속하는지를 확인합니다. 그리고 현재의 인지 및 사용 경험에 이르게 된 계기와 이유 및 생활 속 경험을 물어보면서 고객화 과정을 이해하는 것입니다.

저는 스마트뉴스와 경쟁사 A를 어떻게 알게 되었는지, 느꼈는지, 평가했는지 등을 실제 앱을 함께 사용하면서 이야기를 들어봤습니다. 충성 고객, 이반 고객, 인지 · 미사용 고객에게 물어봐야 할 사항은 각각 다르기 때문에, 반드시 고객 피라미드 속 어디에 해당하는지 확인하고 나서 질문하는 것이 중요합니다.

또한, N1 분석을 통해 깊이 파고들어야 할 점을 더 상세히 좁히기 위해서, 4월 시점의 추가 조사 데이터를 바탕으로 스마트뉴스와 경쟁사 A의 오버랩 분석도 실시했습니다. 2장에서 소개한 한 회사의 고객이 다른 회사의 어느 세그먼트에 속하는지를 가시화하는 분석입니다(그림 4-7). 실제로 조사한 N1 1200명을 분석하여 매트릭스로 정리하면, 스마트뉴스의 충성 고객 59명 중 9명이 경쟁사 A의 충성 고객, 4명이 일반 고객, 9명이 이반 고객, 21명이 인지 · 미사용, 16명이 미인지인 것을 알 수 있습니다(굵은 선). 반대로, 경쟁사 A의 경우에는 충성 고객 40명 중 각각 9명, 4명, 0명, 14명, 13명이 스마트뉴스의 충성, 일반, 이반, 인지 · 미사용, 미인지에 속해 있습니다(점선). 통계학적으로 분석하기에는 N수가 충분하지 않지만, 양쪽 유저의 중복을 대략적으로 파악하기에는 충분합니다.

여기서부터는 다양한 기술로 N1 분석을 하는 것이 가능합니다. 우선, 스마트뉴스의 충성 고객 중에서 경쟁사 A의 이반 고객이 9명 있기 때문에, 스마트뉴스는 경쟁사 A로부터 9명을 빼앗아 충성 고객으로 만들었다고 해석할 수 있습니다. 한편, 경쟁사 A의 충성 고객 및 일반 고객 중에 스마트뉴스의 이반 고객은 없기 때문에, 스마트뉴스는 충성 고객과 일반 고객 모두 빼앗기지 않았다는 것을 확인할 수 있습니다.

경쟁사 A에서 스마트뉴스로 넘어온 이 9명이 왜 스마트뉴스의 충성 고객이 되었는지 꼼꼼한 N1 분석을 해야 합니다. 이들의 고객화 과정을 제대로 이해하면, 경쟁사 A의 고객을 빼앗아올 결정적 '아이디어'를 만들어내고, 이를 실현할 투자나 마케팅 플랜을 선택할 수 있습니다.

더 나아가 다음과 같은 구체적인 N1 분석을 시도할 수 있습니다.

오버랩 분석 결과를 통해 이런 관점을 먼저 발견해둔다면, 실제로 고객이나 친구 등 주변인에게 질문을 할 때 아주 유용합니다. 예를 들어 '경쟁사 A도 알고 있으면서 왜 사용한 적이 없는가'와 같은 구체적인 질문을 할 수 있고, 그만큼 들을 수 있는 답변이 더욱 풍부해집니다.

- 스마트뉴스의 충성 고객 중 21명은 경쟁사 A를 인지하고 있음에도 사용 경험이 없다. 그 이유는 무엇인가?

- 스마트뉴스는 인지·미사용 상태이나, 경쟁사 A의 충성 고객인 14명은 어떤 5W1H를 통해 현재의 상태가 되었는가?

- 경쟁사 A의 전체적인 인지도는 스마트뉴스보다 높은데도 불구하고, 스마트뉴스의 충성 고객 중 16명, 일반 고객 중 16명은 경쟁사 A를 인지하고 있지 못하다. 왜 그럴까?

- 옅은 색 부분(5개의 세그먼트)은 어느 쪽 브랜드도 사용한 적이 있지만, 현재는 어느 쪽도 사용하고 있지 않다. 왜 그럴까?

- 중간 색 부분(3개의 세그먼트)은 어느 쪽도 인지하고 있지만, 어느 쪽도 사용 경험이 없다. 이 두 브랜드의 부족한 점은 무엇인가. 이 두 브랜드 말고 다른 경쟁 브랜드가 있는가?

- 진한 색 부분은 양쪽 브랜드 모두 인지하지 못하고 있으며, 사이즈가 가장 큰 층으로, 스마트뉴스 타깃층의 절반 이상을 차지한다. 이 층이 인지하지 못한 이유는 무엇인가. 그 이유를 해소하고 유효한 '아이디어'를 통해 존재를 알린다면, 이노베이션 이론의 메이저리티층의 대부분을 흡수할 수 있는가? 혹은 현재의 뉴스 앱과는 다른 프로덕트를 개발할 기회가 있는가?

이런 관점으로 한 사람 한 사람의 이야기를 들어보고, 남녀노소 30명 이상의 N1 분석을 끝낸 결과, 30개가 넘는 '아이디어' 후보가 나왔습니다. 물론 간단하게 척척 만들어낸 것은 절대 아닙니다. '아이디어' 한 가지 한 가지는 N1 분석을 하는 과정에서 신중히 선정했으며, 전체적으로 다음과 같은 것들이 보이기 시작했습니다.

- 충성 고객은 프로덕트의 편리함(UI)과 충실한 콘텐츠를 높이 평가하고 있으며, 사용 빈도도 높다. 그중 많은 사람들이 스마트뉴스가 탄생한 시기부터 사용하고 있는 중장년의 남성 유저로, 경쟁사 A를 포함하여 다른 경쟁사의 앱을 사용한 경험이 적다. 반대로 말하면, 최초의 뉴스 앱으로 탄생한 시점부터 스마트뉴스를 지속적으로 사용하고 있지만, 경쟁 앱과 비교해서 사용하지 않으므로 절대적으로 안전하다고 할 수 없고, 다른 상품으로 갈아탈 리스크가 있다.
- 사용 빈도(충성과 일반)와 선호도(다음 사용 의향의 유무)를 좌우하는 것은, 단순히 뉴스 등의 정보를 얻고 싶다는 이유뿐만 아니라, 자신의 취미나 기호에 맞는 특정 채널 등록의 여부였다. 예를 들면, 자동차를 좋아하는 친구는 차 관련 채널의 존재를 알고 스스로 등록하여 사용 빈도가 높다. 한편 애초에 다양한 카테고리나 취미에 맞는 채널이 존재한다는 사실 자체를 모르고, 채널을 커스터마이징하지 않은 유저의 사용 빈도나 선호도는 낮다.
- 스마트뉴스의 고객이면서 경쟁사 A의 충성 고객인 고객은 스마트

뉴스의 편리함(UI)이나 일반적인 뉴스 정보의 망라성에 불만인 것이 아니라, 경쟁사 A의 엔터테인먼트나 가십 분야 등, 특정 취미에 맞는 콘텐츠를 즐기면서 일반 뉴스도 보고 있어, 스마트뉴스만을 단독으로 사용할 이유를 못 느끼고 있다.

- 스마트뉴스를 모르는, 미인지 고객인 친구에게 직접 스마트폰에 앱을 설치해주고 사용 방법을 알려주면 높은 평가를 얻을 수 있다. 특히 자신의 취미와 관련된 채널이 있다면, 반드시 좋은 평가를 하며 지속적인 사용으로 이어진다. 하지만 그런 채널이 없는 경우에는 반응이 약하다. 또한 경쟁사 A나 다른 경쟁 브랜드를 사용하고 있는 친구가 스마트뉴스의 채널을 보면 경쟁사와 거의 비슷해 보여서 다른 채널과 차별성을 느끼기 힘들다.

결국 초기에는 편리함과 충실한 콘텐츠가 스마트뉴스의 '프로덕트 아이디어'인 독자성이자 편익성이었지만, 경쟁사의 등장 이후 변별력이 약해졌다는 것을 알 수 있습니다. 경쟁사 A는 새로운 제안을 내세우고 있는 반면, 스마트뉴스는 새로운 채널을 추가할 수 있다는 것이 잘 알려지지 않았고, 독자적이라고 말할 수 있는 채널도 적기 때문에, 신규 고객층으로 이어지지 않고 있었습니다. 앞으로 성장하기 위해서는, 독자성을 중심으로 '프로덕트 아이디어'를 재정의하는 것이 중대한 문제임을 알 수 있었습니다.

🔷 아이디어를 콘셉트로 변환하여 설문조사하기

지금까지의 프로세스를 통해 30개 이상의 '아이디어' 후보를 만들었습니다. 하지만 그 상당수가 일부 타깃층에만 영향을 줄 것으로 예상되었습니다. 정말로 이런 것을 시도해도 좋을 지 불안한 점도 있었지만, 동시에 이것이 N1 기점 마케팅의 재미있는 부분이라고 할 수 있습니다.

　회사 내부와 투자가들을 대상으로 투자의 정당성을 설명하기 위해 이 아이디어를 19개로 좁히고, 콘셉트 있는 문장으로 바꿔서 5월에 양적 설문조사를 했습니다. 다음은 그 일부입니다.

- '아침 첫 뉴스' : 아침 일찍, 출근하기 전에 주요 뉴스를 알아두고 싶지요. 스마트뉴스라면 1분 안에 최신 뉴스를 모두 볼 수 있습니다.
- '영어 뉴스 채널' : 최신 해외 뉴스는 찾아보기가 꽤 번거롭습니다. 스마트뉴스는 최신 해외 뉴스를 원문 그대로 보여줍니다. 최신 해외 뉴스를 스마트뉴스로 보세요. 영어 공부에도 좋습니다.

- '동물 채널' : 스마트뉴스는 전 세계의 힐링 동물 영상을 모았습니다. 고양이 채널, 개 채널, 웃음이 절로 나오는 사진과 동영상이 가득합니다. 동물 정보는 스마트뉴스로.
- '테크놀로지 채널' : 실리콘밸리의 최신 정보에서 세계 톱클래스의 테크놀로지 정보 사이트까지 모두 모았습니다. 스마트뉴스로 매일 전 세계 테크놀로지 뉴스를 1분 안에 체크.
- '육아 채널' : 매일 열심히 살고 있는 엄마 아빠들에게. 스마트뉴스가 국내외의 육아 정보를 정리했습니다. 매일 가장 많이 읽힌 기사와 정보를 스마트폰으로 언제 어디서나 체크할 수 있습니다.
- '쿠폰 채널' : 스마트뉴스에 쿠폰 채널이 등장했습니다. 매일 가까운 전국의 레스토랑, 패스트푸드 매장에서 사용 가능한 쿠폰을 받을 수 있습니다. 가까운 매장에서 꼭 사용해보세요.

이런 콘셉트에 대해 '흥미가 있는가', '다운로드하고 싶은가'를 5단계로 평가하여, 조사 대상 전체, 남녀 연령별, 그리고 스마트뉴스의 5세그맵, 경쟁사 A의 5세그맵별로 분석했습니다(그림 4-8).

어느 분석이든 '흥미가 있다', '다운로드 하고 싶다/사용하고 싶다'라는 평가는 몇 가지 콘셉트에 집중되었습니다. 그중에서 '영어 뉴스 채널'은 압도적인 상위권은 아니지만, 눈에

※콘셉트 A~S를 평가가 높았던 순서대로 나열한 것　매우 높음　높음　중간

콘셉트 수용도 · 사용 의향(상위 2)			콘셉트 L	콘셉트 A	콘셉트 D	콘셉트 O	콘셉트 K	콘셉트 F	콘셉트 B	콘셉트 I	콘셉트 M	콘셉트 N	콘셉트 G	콘셉트 C	콘셉트 H	콘셉트 J	콘셉트 Q	콘셉트 E	콘셉트 P	콘셉트 S	콘셉트 R
전체 조사 대상	20~60대 남녀																			
	남성 합계																			
		20대																		
		30대																		
		40대																		
		50대																		
		60대																		
	여성 합계																			
		20대																		
		30대																		
		40대																		
		50대																		
		60대																		
스마트뉴스	충성(DAU)																			
	일반(MAU-DAU)																			
	이반																			
	인지 · 미사용																			
	미인지																			
경쟁사A	충성(DAU)																			
	일반(MAU-DAU)																			
	이반																			
	인지 · 미사용																			
	미인지																			

< 그림 4-8 > 남녀 연령별 콘셉트 테스트

띄게 높은 평가를 받았습니다. 사실 이 콘셉트는 제가 아내를
대상으로 N1 인터뷰를 하면서 얻은 정보였습니다. 딸의 영
어 공부를 위해 아내가 스마트뉴스의 영어판을 오랫동안 사

용하고 있어서 그 편리함을 알려준 것입니다. 스마트뉴스는 2014년부터 미국판도 운영하고 있어 현지 콘텐츠가 풍부했습니다. 당시에도 설정을 일본어에서 영어로 바꾸면 미국판 열람이 가능했지만, 그 기능 자체가 거의 알려지지 않은 상태였습니다. N1 인터뷰 대상이었던 30명 중 이것을 알고 있고, 좋게 평가한 사람은 저의 아내 한 사람뿐이었지만, 경쟁사가 따라 할 수 없는 독자성이라는 생각이 들어 초기부터 '아이디어' 후보로 결정해두었습니다.

실제로 이후에 또 다른 N1 인터뷰를 하면서 미국판을 보여주면, 그 독자성에 감탄하고 미국의 현지 뉴스를 손쉽게 읽을 수 있다는 점을 높이 평가했습니다. '일부러 돈을 내고 영어 공부를 하고 싶지는 않지만, 무료로 평소에 뉴스를 체크하면서 함께 볼 수 있다면 공부가 될지도 모른다'라는 새로운 니즈가 보였습니다.

이런 반응에 대해 콘텐츠 책임자와 논의한 결과, 분야를 몇 개 고른 후 미국의 주요 퍼블리셔들의 허락을 받아냈습니다. 그렇게 스마트뉴스 일본판에도 세계의 현지 뉴스를 직접 보여주는 '월드 뉴스 채널'을 도입하게 되었습니다. '전 세계 양질의 정보를 필요한 사람에게 전한다'라는 스마트뉴스의 기업 미션에도 적합하다는 평가를 받아 회사의 적극적인 지원

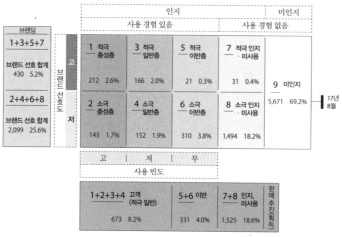

브랜딩		인지				미인지
1+3+5+7		사용 경험 있음			사용 경험 없음	
브랜드 선호 합계		1 적극 충성층	3 적극 일반층	5 적극 이반층	7 적극 인지 ·미사용	9 미인지
430 5.2%	고	212 2.6%	166 2.0%	21 0.3%	31 0.4%	5,671 69.2%
2+4+6+8	브랜드 선호도	2 소극 충성층	4 소극 일반층	6 소극 이반층	8 소극 인지 ·미사용	
브랜드 선호 합계	저	143 1.7%	152 1.9%	310 3.8%	1,494 18.2%	
2,099 25.6%						

17년
8월

고	저	무
사용 빈도		
1+2+3+4 고객 (적극 일반)	5+6 이반	7+8 인지, 미사용
673 8.2%	331 4.0%	1,525 18.6%

판매추진(획득)

＊왼쪽 열 - 20~60대 남녀의 인구추계 8200(만 명)을 모수로 한 어림 계산 오른쪽 열 - 모수 대비 비율

< 그림 4-9 > 스마트뉴스의 9세그맵

도 받을 수 있었습니다.

또한 월드 뉴스 채널 개설에 앞서, 앞으로의 비교 분석에 활용하기 위해 다시 한 번 온라인 설문조사를 하고(N=1200), 스마트뉴스와 경쟁사 A의 고객 피라미드와 9세그맵을 작성했습니다. 조사 대상은 총 1200명이었고, 고객 피라미드 작성 시와 마찬가지로 각 세그먼트의 비율에 타깃인 20~60대 남녀의 인구추계를 곱하여 추정했습니다(그림 4-9).

TV 광고로 고객의 스펙트럼 넓히기

➡ TV 광고의 효과 검증과 범위 좁히기

이제부터는 확대될 가능성이 확인된 신규 채널을 어떤 전략으로 론칭했는지 설명하겠습니다. '월드 뉴스 채널' 때는 원래 복수의 콘셉트(='프로덕트 아이디어')로 TV 광고를 제작하고 좁은 지역에서 방영했습니다. 그 후에 각각의 CPI(Cost Per Install : 앱 설치 단가)를 확인하고, 디지털 광고를 포함한 모든 광고를 '월드 뉴스 채널' 콘셉트에 집중하기로 했습니다.

　가장 먼저 TV 광고를 제작한 이유가 있습니다. 앞의 조사에서 높은 평가를 받은 상위 콘셉트의 수용도를 바탕으로, 각 고객 세그먼트로부터 어느 정도의 고객 수 증가를 기대할 수 있는지를 산정하고, 각 세그먼트의 인원수를 수치화한 결과, 이 시점에서는 대단위의 고객을 신규 획득할 수 있다는 결론이 나왔기 때문입니다.

그래서 디지털을 통해 타깃팅하는 것보다는 짧은 기간에 넓은 세그먼트로 도달이 가능한 TV 광고에 집중 투자하는 것이 득이라고 판단했습니다. 여기서 부족한 것은 디지털 마케팅으로 보완하기로 방침을 정했습니다.

'월드 뉴스 채널'의 개설 준비와 병행하여, 브랜드 인지도 향상과 전환율 촉진(인지에서 다운로드, 그리고 지속 사용)을 동시에 달성하는 TV 광고를 개발했습니다. 본격적인 첫 투자이기 때문에, 결과가 좋았던 복수 콘셉트를 바탕으로 7종류의 TV 광고를 저가에 제작했습니다. 광고 대행사의 담당자들과 매일 다른 소규모 투자도 해보면서 투자 효율(CPI)을 계측하고, 좋은 광고에 집중 투자하는 계획을 세웠습니다. 즉, TV 광고로 PDCA를 돌리는 것이라고 할 수 있습니다.

또한 이 TV 광고로는 신규 채널의 '아이디어'를 전달하는 것과 동시에 행동 데이터와 심리 데이터 분석으로 나타난 '내가 몰랐던 정보를 알려준다', '정보가 많다' 그리고 '조작하기 쉽다'는 점도 철저하게 전달하는 것에 심혈을 기울였습니다.

효과 측정 지표로는 앱 다운로드 수에 더해 구글 트렌드도 이용했습니다. 제 경험으로는 TV 광고를 계기로 확대되는 브랜드는 반드시 광고 방송 직후에 브랜드 검색 순위가 상승합니다. 이때는 우선 광고 방송 후 5분 내의 검색 상승률을 확인하고, 다음 날 다운로드 증가 수를 참고해서 얼마나 효과가 있는지 검증했습니다.

이렇게 2017년 9월부터 7종류의 TV 광고를 진행해서 효과를 비교한 결과, '월드 뉴스'가 가장 큰 반응을 얻었습니다. 그래서 10월 이후로는 월드 뉴스에 집중 투자하여 단기간에 브랜드 인지도 형성과 다운로드 촉진, 신규 유저의 증가를 달성했습니다. 동시에 이반율의 저하와 복귀율(리턴)의 증가라는 대단히 기쁜 결과가 이어졌습니다. 이것은 콘셉트 테스트 결과를 9세그맵으로 비교했을 때, '월드 뉴스'에 대한 일반층과 이반층의 호의적인 반응을 통해 이미 예상했던 결과였습니다.

실제로는 '월드 뉴스'를 계기로 앱을 다운로드하기는 했지만, 역시 영어가 어려운 탓인지 머지않아 '월드 뉴스'를 읽지 않게 된 분들도 생겨났습니다. 그러나 그 상당수가 자신에게 맞는 다른 채널을 등록하는 등 스마트뉴스 자체는 지속적으로 이용하고 있었습니다. 여기까지 행동 데이터와 심리 데이터 분석으로 본 것처럼, 본래 프로덕트의 UI와 기본적인 콘텐츠의 충실도는 다운로드 촉진 목적의 '아이디어'로서는 일반화되었지만, 실제로 사용했을 때 만족도가 높은 편익성을 제공하고 있었습니다. 필요했던 것은 첫 사용으로 연결되는 독자성과 편익성을 조합한 새로운 '프로덕트 아이디어'였던 것입니다.

이러한 방식으로 '월드 뉴스'라는, 경쟁사가 따라 할 수 없는 '프로덕트 아이디어'를 창출하고, 정체하고 있던 브랜드를 다시 성장 궤도로 올릴 수 있었습니다. 고객 피라미드와 9세그맵을 기점으로 N1 분석을 통해 '아이디어'를 얻어내고, 그 잠재력을 양적으로 평가하면 비약적인 성장이 일어난다는 것을 이번에는 디지털 비즈니스에서도 증명했기 때문에 강렬한 반응을 얻었습니다.

● '매일 쿠폰을 받을 수 있는 득템 뉴스 채널'의 탄생

이 '월드 뉴스 채널'의 성공을 이끈 콘셉트 테스트에서 실제로 압도적인 1위로 다운로드 의향이 높았던 것은 '쿠폰 채널'이었습니다. 그러나 '월드 뉴스'에 비해 개발 시간과 엔지니어 리소스가 대량으로 필요하고 파트너 기업에 협력 요청을

N1 마케팅

하는 데에도 시간이 걸리기 때문에, 9월까지는 시간을 맞출 수 없다고 판단했습니다.

그래서 어느 정도 결과를 내고 나서 생각하기로 하고, '월드 뉴스' 성공 후에 다시 준비를 시작해서 12월부터 개발을 진행하게 되었습니다. 개발팀이 힘써준 덕분에, 세그먼트 비교와 오버랩 분석에서 나타났던 스마트뉴스가 고집해야 할 3가지, '정보가 많다', '내가 몰랐던 정보를 알려준다', '조작하기 쉽다', 그리고 경쟁사 A의 이반 고객이 알려준 '정보량이 너무 많으면 안 된다'라는 정보로부터 훌륭한 프로덕트가 완성되었습니다.

이제 9세그맵을 바탕으로 한 N1 분석으로 돌아와서, 이 '쿠폰 채널' 개발의 과정을 소개하겠습니다. 30명 이상에게 N1 인터뷰를 하면서 어떤 앱을 어떤 상황에서 어떠한 빈도로 사용하는지를 물어봤습니다. 친구나 가족의 스마트폰 첫 화면, 많은 경우에는 6번째 화면까지 모두 살펴보고, 그 사람이 24시간 365일 생활하면서 스마트폰을 어떻게 사용하고 있는지를 이해하려고 했습니다.

이 과정에서 발견한 것은, 쿠폰 앱의 유저가 주로 부양가족이 있는 남녀 및 자녀가 있는 주부층이라는 사실이었습니다. 맥도날드, 요시노야(덮밥전문점), 가스토(패밀리 레스토랑) 등의 브랜드 앱뿐만 아니라, 핫 페퍼 등의 쿠폰 전문 앱을 사용하기도 하고, 지갑 속에 종이 쿠폰을 많이 넣고 다니는 사람도 많았습니다. 경쟁사 A에서도 종종 쿠폰을 발행하고 있었지만, '필요하긴 하지만 언제 쿠폰이 나오는지 알 수 없어서 사용하기 어렵다'라는 이야기도 나왔습니다.

또한 '쿠폰을 사용할 수 있는 가게라면 당연히 사용하고 싶은데, 어느 가게가 언제 어떤 쿠폰을 발행하는지 알 수 없다. 모르고 있으면 손해 보는 기분도 든다'라는 의견도 있었습니다. 그렇다면 '최신 쿠폰을 심플하게 정리해서 별개의 채널로 만든다면, 뉴스를 체크하면서 오늘의 점심 메뉴나 식당을 고를 수가 있어서 이득이다', 혹은 역으로 '쿠폰 때문에 스마트뉴스에 들어왔다가 중요한 뉴스도 볼 수 있다'라는 '아이디어'를 만들 수 있었습니다.

'맥도날드나 가스토 등 대형 체인점 쿠폰을 매일 받을 수 있는 득템 뉴스 채널'이라는 '프로덕트 아이디어'의 탄생이었습니다.

그 후 N1 인터뷰에서 이 아이디어를 공개하자 대단히 호평을 받았고, 이후 콘셉트 평가에서도 가장 높은 평가를 받았습니다. 늘어날 가능성이 있는 고객은 인지 · 미사용층과 미인지층에서 많이 보였고, 나아가 여성과 젊은 층의 반응도 높았습니다. 당연히 도달 범위가 넓은 TV 광고에 다시 한 번 투자해야 한다는 판단에 이르렀습니다.

⏵ '아이디어'를 직접적으로 말하는 TV 광고가 성공한다

'월드 뉴스' 때와는 다르게, 이번 '프로덕트 아이디어'의 후보는 쿠폰 한 장입니다. 이것을 어떠한 '커뮤니케이션 아이디어'로 변환해야 최대의 효과를 얻을 수 있을지, 사전에 테스트를 해보고 나서 투자하기로 했습니다. TV 및 온라인 광고에는 개그맨 치토리 씨를 출연시키고 6종류로 제작하여 '월드 뉴스' 때와 마찬가지로 소량으로 방송한 후 시장에서 테스트해보고 투자 효과(CPI)를 검증했습니다. 결국 '프로덕트 아이디어'를 가장 심플하게 표현한 '호칭 편'이라 이름 붙인 광고를 하기로 했습니다(그림 4-10).

6종류 중에 개인적으로 마음에 들었던 '쿠펜 편'이라는 광고가 있었습니다. 이 광고는 쿠폰을 '쿠펜'이라고 잘못 읽는다는 설정이 재미있어서(독자성), 테스트와 SNS 모두에서 반향이 가장 컸지만, 결과적으로 앱 다운로드 수는 '호칭 편'에 미치지 못했습니다(그림 4-11).

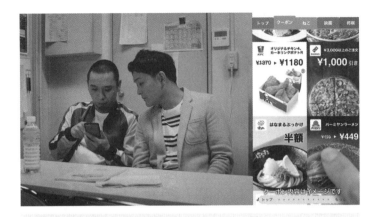

'스마트뉴스'

"이 쿠폰 채널, 최근에 알게 됐어."
"아, 쿠폰이구나."
"그래, 가게마다 쭉 나와 있어."
"양이 엄청나네."
"그래 그래. 편리해서 매일 쓴다니까. 너님은?"
"너님?"
'스마트뉴스, 지금 당장 다운로드'

< 그림 4-10 > 치토리 씨가 등장한 쿠폰 채널 광고 '호칭 편'

　'쿠펜'은 '커뮤니케이션 아이디어'의 독자성으로 강한 반응을 이끌어냈지만, 너무 재미있어서 오히려 프로덕트에 집중하기 어려워졌습니다. 지금 돌이켜보면 '광고 자체는 화제가 되지만 비즈니스로 연결되기 힘든' 케이스였다고 생각합니다.

'스마트뉴스'

"배고프다."
"이 스마트뉴스의 쿠펜에서 골라봐."
"뭐야 쿠펜이라니, 쿠폰이겠지."
"봐봐, 쿠펜이 엄청 많아. 이 쿠펜 중에서 좋아하는 쿠펜을 골라서……."
"쿠펜이 거슬리는데."
"뭐라고?"
'스마트뉴스, 지금 당장 다운로드'

<그림 4-11> 치토리 씨가 등장한 쿠폰 채널 광고 '쿠펜 편'

이렇게 효과 검증 프로세스를 거쳐 '호칭 편'이라는 압도적인 '커뮤니케이션 아이디어'를 출고하고, 디지털 마케팅과 PR까지 함께 진행했습니다. '프로덕트 아이디어'의 강점을 믿고 일부러 심플한 커뮤니케이션을 기획한 것이 승부수였습니다. TV 광고로 브랜드 인지도가 올라가면서 디지털 마케팅의 투자 효과도 50% 이상이 상승했습니다. 브랜드 선호도가 상승하면 효율도 함께 상승하여, TV 광고(오프라인)와 디지털 마케팅(온라인)의 상승효과가 명확히 나타나게 됩니다.

이러한 상승효과로 다운로드 수와 신규 고객이 급증하고, 그 결과 스마트뉴스 자체의 광고 수입도 늘어났습니다. 또한 그 수익을 다시 마케팅에 재투자해서 신규 고객을 더 늘려가는 사이클을 갖게 되었습니다. 그리고 2012년, 스마트뉴스가 탄생한 이후 처음으로 아이폰과 안드로이드 양쪽의 앱 랭킹 모두에서 1위를 획득했습니다.

'월드 뉴스' 때도 확인했지만, 쿠폰을 목적으로 다운로드한 고객은 쿠폰 사용 이외에도 뉴스나 다른 채널에도 만족했고 지속적인 사용으로 이어졌습니다. 그 후에는 각 세그먼트의 동향을 살펴보면서 N1 분석을 지속하고, 쿠폰 협력사들과 특별 쿠폰을 기획하는 등, 이노베이터 이론상 메이저리티층 획득에 몰두했습니다.

30%였던 인지도가 50%를 넘기 전까지는 TV 광고와 온라인 미디어를 활용하여 대폭적인 다운로드를 획득했지만, 인지도 50%를 넘긴 시점부터는 신규 고객 획득이 둔화(CPI의 상승)되기 시작했습니다. 그래서 2장에서 소개한 것처럼, 고객 피라미드의 4번째 층인 '인지하고 있지만 다운로드하지 않은' 고객의 N1 분석을 했더니, '뉴스 앱'이라는 카테고리 자체에 보수적이고 TV 광고 수용도도 낮은 지방이나 교외에 거주하는 잠재 고객들이 많다는 것을 알게 되었습니다. 이들을 고객으로 끌어들이기 위해서는 신문 광고나 전단지 광고를 계속 이용하고 있습니다.

⬢ 중년 남성의 뉴스 앱에서 모든 젊은이의 뉴스 앱으로

이번에는 '월드 뉴스 채널'부터 '쿠폰 채널' 투자까지 2017년 8월부터 2018년 8월까지, 총 13개월 동안 진행한 마케팅의 결과를 되짚어보겠습니다.

우선, 현재 고객층에 큰 변화가 있었습니다. 중장년 남성이 중심이었던 상태에서 20~40대 여성 및 젊은 층이 늘어나 7:3이었던 남녀 성비가 거의 5:5 가까이 되면서 인구분포 비율에 가까워졌습니다. 객관적으로 뉴스미디어로서 균형이 잡힌 독자 구성 비율에 이르렀다고 할 수 있겠습니다. 이전에는 별로 없었던 여성 대상 상품과 서비스 광고가 증가하고, 실제 광고 효과도 지속적으로 증명되어 스마트뉴스 전체 수익에도 크게 공헌했습니다.

브랜드 인지도나 브랜드 선호도(재사용 의향)를 보면, 2017년 8월의 스마트뉴스를 100이라고 한다면 매달 증감은 있었지만, 브랜드 인지도가 166%까지 늘어나 같은 시기 경쟁사 A의 164%를 따라잡았습니다(그림 4-12).

또한 스마트뉴스의 브랜드 선호도는 복수 답변(MA)으로 164%까지 늘었고, 동 시기의 경쟁사 A는 125%였습니다(그림 4-13). 브랜드 선호도의 단일 답변(SA)을 보면 스마트뉴스

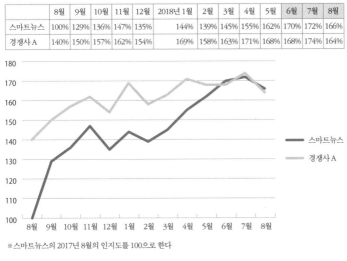

	8월	9월	10월	11월	12월	2018년 1월	2월	3월	4월	5월	6월	7월	8월
스마트뉴스	100%	129%	136%	147%	135%	144%	139%	145%	155%	162%	170%	172%	166%
경쟁사 A	140%	150%	157%	162%	154%	169%	158%	163%	171%	168%	168%	174%	164%

※스마트뉴스의 2017년 8월의 인지도를 100으로 한다

< 그림 4-12 > 브랜드 인지도 비교

는 복수 답변과 거의 같은 비율로 165%까지 늘었지만, 경쟁
사 A는 동 시기에 다양한 전략을 펼쳤음에도 불구하고 67%
였습니다(그림 4-14).

이것을 5세그맵의 움직임에서 보면, 스마트뉴스는 현재의
고객 수(충성 고객과 일반 고객의 합계)를 +87%, 충성 고객(DAU)
을 +59%, 일반 고객(MAU)을 +118% 성장시키면서, 이반 고
객의 증가는 +54%에 멈추어 있습니다. 이반 고객(충성이나 일
반으로부터의 이반)의 감소 또는 복귀율(이반에서 충성이나 일반으
로 복귀)이 올라갔다는 걸 알 수 있습니다. 미인지층을 제외한

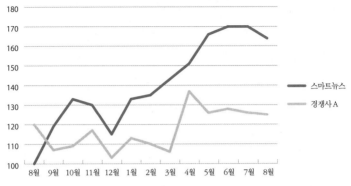

	8월	9월	10월	11월	12월	2018년 1월	2월	3월	4월	5월	6월	7월	8월
스마트뉴스	100%	119%	133%	130%	115%	133%	135%	143%	151%	166%	170%	170%	164%
경쟁사 A	120%	107%	109%	117%	103%	113%	110%	106%	137%	126%	128%	126%	125%

※스마트뉴스의 2017년 8월의 인지도를 100으로 한다

〈 그림 4-13 〉 브랜드 선호도 비교(MA)

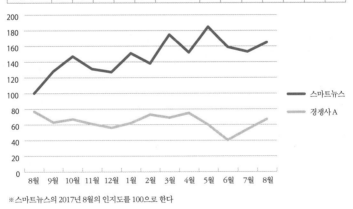

	8월	9월	10월	11월	12월	2018년 1월	2월	3월	4월	5월	6월	7월	8월
스마트뉴스	100%	128%	147%	131%	127%	151%	138%	175%	152%	185%	159%	153%	165%
경쟁사 A	77%	63%	67%	61%	56%	62%	73%	69%	75%	60%	40%	54%	67%

※스마트뉴스의 2017년 8월의 인지도를 100으로 한다

〈 그림 4-14 〉 브랜드 선호도 비교(SA)

스마트뉴스	2017년 8월	2017년 9월	증감	
충성 고객(DAU)	355	565	210	159%
일반 고객(MAU-DAU)	318	692	374	218%
이반 고객	331	509	178	154%
인지 · 미구매 고객	1,525	2,802	1,277	184%
미인지 고객	5,669	3,632	-2,037	645
충성+일반 고객	673	1,257	584	187%
재구매 선호도(SA) ※미인지층은 제외	17.0%	16.1%		-0.9%

경쟁사 A	2017년 8월	2017년 9월	증감	
충성 고객(DAU)	266	247	-19	39%
일반 고객(MAU-DAU)	242	267	25	110%
이반 고객	487	620	133	127%
인지 · 미구매 고객	2,582	3,443	861	133%
미인지 고객	4,623	3,624	-999	78%
충성+일반 고객	58	513	5	101%
재구매 선호도(SA) ※미인지층은 제외	8.6%	4.3%		-4.3%

※어느 시기든 N=1200의 조사 비율과 인구추계를 바탕으로 산출(단위 : 만 명)

〈 그림 4-15 〉 5세그맵 비교

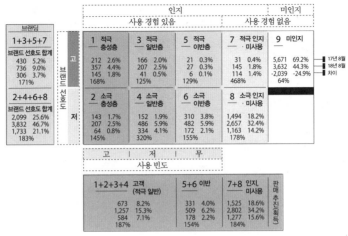

＊왼쪽 열-모수 대비 비율 오른쪽 열-인구추계 8200(만 명)을 모수로 한 어림 계산

< 그림 4-16 > 스마트뉴스의 9세그맵 추이

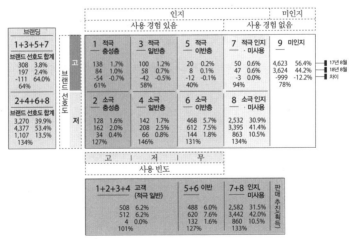

＊왼쪽 열-모수 대비 비율 오른쪽 열-인구추계 8200(만 명)을 모수로 한 어림 계산

< 그림 4-17 > 경쟁사 A의 9세그맵 추이

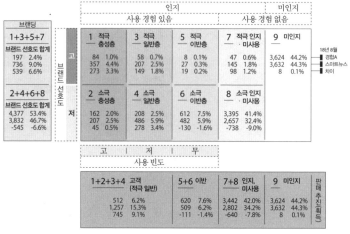

＊왼쪽 열-모수 대비 비율　오른쪽 열-인구추계 8200(만 명)을 모수로 한 어림 계산

< 그림 4-18 > 양 브랜드의 9세그맵 비교

전체의 선호도는 원래 경쟁사 A보다 꽤 높았기 때문에 13개월을 거치는 동안에는 조금 감소했습니다. 현재 고객이 거의 2배가 되었다는 것을 감안하면 선전했다고는 할 수 있겠지만, 리스크가 없는 것은 아닙니다. 한편, 동 시기에 경쟁사 A는 현재의 고객 수(충성 고객과 일반 고객의 합계)를 +1%로 유지하고 있지만, 충성 고객을 -7%로 잃어, 일반 고객의 +10%로 보완하고 있는 상태입니다. 이반율도 +27%로 증가한 것을 볼 수 있습니다(그림 4-15).

9세그맵에서 보면, 판매 촉진 축(가로축의 획득 수)으로 스마트뉴스의 현재 고객 수(적극 충성+소극 충성+적극 일반+소극 일반의 합계)가 +87%, 브랜딩(세로축의 획득 수)으로 브랜드 선호도가 +71%, 비선호도가 +83%(주로 미인지 세그먼트에서의 이동)로 나타납니다. 스마트뉴스의 현재 고객 수가 급증하면서 브랜드 선호도가 증가한 것은 대단히 기쁜 일이지만, 소극 충성층, 소극 일반층도 증가하고 있기 때문에, 이 2개 층의 브랜드 선호도 향상과 지속적인 신규 고객 획득이 앞으로의 마케팅 과제라고 할 수 있습니다. 이 시기의 스마트뉴스와 경쟁사 A의 9세그맵 변화와 비교도 표로 나와 있으니 꼭 분석해보세요(그림 4-16, 17, 18).

지금까지 소개한 스마트뉴스의 마케팅은 고객 한 사람으로부터 일정 기간 얻을 수 있는 누계 이익을 계산하여(LTV), 그것을 바탕으로 투자하고 있습니다. 구체적으로 말하면, CPI(신규 다운로드 1인당 마케팅 비용)는 LTV를 넘지 않는 범위 내에서 투자하는 것을 제약 조건으로 두고 있습니다.

3장에서 소개한 것처럼, 브랜드 인지도와 선호도가 향상하면 CPI는 내려갑니다. 오프라인의 TV 광고로 인지도와 선호도를 높이면서, 광고 후 즉시 발생하는 신규 고객을 최대화했습니다. 그와 동시에 브랜드 인지도와 선호도를 가진 미사용층(9세그맵의 7번째인 적극·인지·미사용 고객)을 고객으로 끌어들이기 위해 상대적으로 낮은 가격대의 온라인 광고를 진행하면서 CPI를 낮추는 전략을 썼습니다.

TV 광고에는 큰 비용이 발생하기 때문에, TV 광고로 직접 획득할 수 있는 고객 수와 나중에 온라인 광고로 얻을 수 있는 고객 수를 합산한 수와 전체 마케팅 비용이 제약 조건에 맞도록 설계·운용하고 있습니다.

운 좋게도, TV 광고로 브랜드 선호도를 구축하여 이반 고객이 줄어들고 이반 고객의 복귀는 늘어나 전반적으로 고객들의 충성화가 이루어졌습니다.

이렇게 4장에서 소개한 5세그맵과 9세그맵의 작성, N1 분석을 통한 복수의 '아이디어' 발상, 그리고 콘셉트 테스트로 수치화하여 TV 광고를 복수로 제작하고 테스트를 반복했습니다. 이 모든 것의 목적은, 종합적인 마케팅 플랜을 세우는 것이었습니다. 대략적인 요소를 다음과 같이 정리했으니 참고해주세요.

- 투자 제약 조건 :

  LTV(일정 기간에 얻을 수 있는 고객 1명당 누계 이익)

  > 신규 고객 획득 비용 = 한 사람당 마케팅 투자액(CPI)

  * LTV × 총 고객 수(신규 획득 수+기존 고객 수)

= 일정 기간 내의 총 이익

* 충성 고객층의 LTV > 일반 고객층의 LTV

※ 기존 고객 수＝지속 고객 수＋이반 고객의 복귀 수 - 현재 고
객에서 이반 고객으로 바뀐 수.

■ 종합 마케팅의 목표 :

⑴ 총 고객 수의 증가＝투자 제약 조건 내에서의 신규 획득 고객 수.

= ①TV 광고 투자로 인한 직접 고객 획득 수.

+ ②온라인 광고로 인한 신규 고객 획득 수.

(TV 광고 투자로 인한 브랜드 인지도와 브랜드 선호도 향상,

그에 따른 온라인 광고의 고객 획득 비용 효율 상승을 반영.)

+ ③기존 고객의 유지 수

(브랜드 선호도 향상으로 기존 고객의 이반율을 감소시키고,

이반 고객을 복귀시킴.)

⑵ 충성 고객 비율의 증가＝브랜드 선호도 향상에 의한 기존 고객의
충성화.

(사용 빈도, 사용 시간의 증가.)

* 브랜드 인지도가 높아지지 않으면, 온라인 광고 및 PR 투자의

신규 고객 획득 비용 효율도 상승하지 않아, 투자에 제한이 생

기게 된다.

스마트뉴스는 그 후의 마케팅 활동과 프로덕트 개선에 힘입어, 2018년에는 뉴스 전문 앱으로서는 일본 최대 업체가 되었습니다. 또한 미국에서도 같은 프레임워크를 활용한 고객 기점 마케팅을 진행하고 있어, 양쪽을 합한 월간 사용자는 천만 명을 넘어섰습니다. 이 내용과 결과에 대해서는 추후에 또 기회가 있다면 보고드리겠습니다.

【 4장 핵심 메시지 】

❶ '프로덕트 아이디어'의 강점을 마케팅에 활용하는 것이 중요

❷ N1 기점 '아이디어'의 잠재력은 콘셉트 테스트로 검증할 수 있다.

❸ TV 광고도 온라인 마케팅과 마찬가지로 PDCA를 통해 효과를 최대화할 수 있다.

칼럼 4

고객을 제대로 이해하지 못한 실패 사례
"집단을 대상으로 마케팅하면, 그 누구의 마음도 얻어내지 못한다"

케이스 스터디를 다룬 4장 이외에도 몇 가지 성공 사례를 소개했습니다만, 실제로는 많은 실패도 경험했습니다. 오히려 실패를 바탕으로 이 프레임워크를 확립할 수 있었습니다.

고객 기점 마케팅이 잘 통하지 않는 경우를 살펴보면 'N1'으로 대상을 좁혀서 사고하지 못하고 '집단'을 대상으로 마케팅을 하려고 하니 결국에는 그 누구의 마음도 얻어내지 못한 경우가 많습니다. 그 밖에도 '프로덕트 아이디어'가 제대로 '커뮤니케이션 아이디어'에 반영되지 않은 경우, 마케팅 과정에서 '프로덕트 아이디어'가 흔들리면서 '커뮤니케이션 아이디어'로 도피해버리는 경우 등을 들 수 있습니다.

좀 더 구체적으로 설명해보겠습니다. 이것은 '프로덕트 아이디어'가 실제로 상품을 사용할 때의 상황과 괴리되어 발생한 경우입니다. 2008년 로토제약에서는 '바스파스 보디오일(バスパス バディオイル)'이라는 상품을 발매했습니다. 목욕 후에 수건으로 몸을 닦기 전, 욕실 안에서 바르는 보습용 오일이었습니다. 지금은 욕실에서 나오기 전에 몸이 아직 젖은 상태에서 보습 제품을 바르는, 이른바 '인바스 트리트먼트'가 어느 정도 알려졌지만, 그 선구자 격인 상품으로 당시 시장에 이보다 먼저 나온 상품은 없었습니다.

보디케어에서 가장 중요한 것은 바로 보습입니다. 피지를 씻어내고 수건으로 말린 직후부터 피부는 건조해지기 시작하기 때문에, 목욕 후 바로 보습을 하는 게 매우 중요하다는 것이 당시 제조사의 상식이었습니다. 건조함을 방치하면 가려움이 발생하기 쉬운데, '보습을 미루면 가려워진다'는 것은 의외로 잘 알려져 있지 않았습니다. 가려움과 관련해서 로토제약에서는 의약부외품의 가려움 방지 크림 등이 이미 시장을 점유하고 있었기 때문에, 오히려 가려움이 발생하기 전에 문제를 해결해주는 보습 제품을 개발하면 어떨까 라고 생각한 것이 이 상품의 발단이었습니다.

당시에는 명확한 고객 피라미드까지 만들지는 않았지만, 우선 여성 보디케어 시장을 조사하고 대략적인 세그먼트 분류를 했습니다. 보습 제품은 자녀용으로 구매하는 비율도 크기 때문에 가족 공용 상품도 대상으로 하고, 보습을 추구하는 고객이 가장 많은 층이 어딘지를 찾아봤습니다.

매일 정성껏 보습을 하는 충성 고객과 다른 층에 있는 고객들이 어떤 차이가 나는지 상품 개발 담당자와 함께 분석했더니, 일반 고객층을 비롯해서 그 이하에서는 '건조한 피부를 방치하면 가려워진다'는 것을 인지하고 있는 사람 수가 적었습니다. 그리고 보습을 하지 않다가 건조한 계절이 오면 바로 그때 가려움 방지 크림을 사는 사람이 많았습니다.

그에 비해 충성 고객층은 '몸을 닦은 순간부터 건조해진다'고 느끼고, '몸을 닦은 직후에' 바로 오일이나 크림 같은 보습제를 발랐습니다. 이때 불만 사항도 있었는데 '가장 이상적인 피부는 수건으로 닦기 직전의 젖은 상태다'라든가 '좀 더 보습이 잘 되면 좋겠다'라는 생각을 갖고 있었습니다.

이 말은 고객의 니즈를 만족시키는 상품이 없다는 것으로, 여기에서 영감을 받아 '욕실 내의 젖은 상태의 피부를 밀봉하는 오일'이라는 콘셉트를 만들어냈습니다.

'프로덕트 아이디어'의 독자성은 '욕실 내에서 사용하는 보디 오일', 편익성은 '보습으로 피부를 밀봉하다'로, 실제로 콘셉트 테스트나 샘플 모니터에서도 '꼭 써보고 싶다'고 호평받았고, 개발팀에서도 여러 번의 테스트를 거치면서 상품 효과를 개선했습니다.

신규성이 높기는 하지만, 충성 고객층의 지지는 확실히 받을 거라 확신했습니다. 그런데 시장에 제품이 나온 이후 실제로 일정한 층에서는 높은 평가를 받았지만, 결과적으로는 애초에 예상했던 것보다는 반복 사용이 적었고, 결국 대표 상품이 되지 못한 채 판매를 종결하게 되었습니다. 열심히 일한 동료들에게 대단히 미안했습니다.

이후 반복 구매하지 않는 이유를 분석해보니, 실제로 고객이 사용하는 상황에 대한 이해가 깊지 못했다는 것을 알게 되었습니다. 왜 그랬을까요? 우선, 오일은 크림 등의 다른 제품보다 처리가 어렵다는 점을 들 수 있습니다. 욕실 바닥에 떨어트리면 더러워지는데다 미끄러워서 위험하다는 것. 특히 아이에게 발라주는 사람에게는 이 점이 대단히 중요하다는 것을 놓치고 있었습니다. 두 번째로는 오일을 바르고 나서 몸을 닦으면 수건이 더러워지는 듯한 기분이 들고, 매일 세탁해야 한다고 생각하기 때문에 귀찮았던 것입니다. 실제로는 보디워시나 입욕제도 수건에 묻긴 하지만, 이 오일은 바르고 나서 물로 닦아내지 않기 때문에 더욱 심리적인 부담이 된 것입니다.

발매 전에 테스트를 했을 때 담당자들은 닦는 방법을 잘 알고 있었고, 압도적으로 보습력이 좋은 상품이라는 생각에만 빠져 있었기 때문에, 여기까지는 생각이 미치지 못했습니다. 어디까지나 개발자의 시선에서 벗어나지 못했던 것입니다. 사전 모니터링에서도 상품의 만족도에 대해서만 듣고, 실제 사용 상황에서 어떤 일이 일어나는지에 대해서는 듣지 않았던 것입니다. 아이에게 발라주는 부모층을 모니터 요원으로 섭외하지 않았던 것도 이유 중 하나입니다.

이후 인바스 트리트먼트 시장이 확대된 것을 보면 이 아이디어가 나빴다고는 말할 수 없습니다. 다만 그 '프로덕트 아이디어'를 개발자의 시점이 아니라, 고객의 시점에서 파악하고 준비했더라면 결과가 달라졌을 거라고 생각합니다.

여러 사람과 협업하고 오랫동안 준비해서 시장에 내놓은 상품, 서비스가 실패했다고 인정하는 것은 마케터로서 매우 고통스럽습니다. 제가 할 수 있는 것은 그 경험에서 가능한 한 많은 것을 배우고, 다음번에 활용하는 것밖에 없었습니다.

이런 실패를 경험한 이후 반드시 N1을 설정해서 실제 생활에서 얼마나 효과적으로 사용할 수 있는지를 꼭 검토하게 되었습니다.

N1
Marketing

5장

디지털 시대,
기존의 방식을 파괴하고
다시 시작하라

마지막 장에서는 고객의 생활환경이 격변하고 물리적 세계와 디지털 세계가
혼재하는 지금, 벤처기업이 어떻게 새로운 '프로덕트 아이디어'를 발상하고,
파괴적 이노베이션을 일으키고 있는지를 소개합니다. 수많은 기존 비즈니스
가 재정의되고 있는 현재, 파괴되는 것을 기다릴 것이 아니라, 스스로 파괴하
고 재정의하는 것이 필요합니다.

5-1 신 리얼월드에서 살아가는 고객 파악하기

⟳ 고객 심리 분석이 자동화되는 세상

디지털 기술이 점점 진화하는 요즘 시대의 비즈니스 환경을 보면, 디지털로 연결되어 있는 고객 행동의 대다수가 실시간 계측이 가능해져 마케팅의 자동화도 더욱 발달하고 있습니다. 어느 상품이나 서비스의 '프로덕트 아이디어'에 가치를 느끼는 잠재적인 고객 모두의 인지를 촉진하고, 구매 기회를 제공한다는 이른바 마케팅 최적화의 대부분이 자동화되어 가고 있습니다. 제가 몸담고 있는 디지털 앱 비즈니스에서는 이러한 현실이 급속도로 진행되고 있습니다.

N1 분석으로만 파악할 수 있는 고객의 심리 상태 등 디지털로 연결되지 않은 오프라인 영역은 아직 자동화에 시간이 걸릴 거라 생각합니다. 그러나 IoT로 세상의 모든 물건이 연결되고, 웨어러블 기기와 같이 인체의 디지털 접속 기술이 진행되면, 멀지 않은 미래에 심리 상태 분석도 일정 부분 자동화가 가능해질 것입니다. 이 책에서 말한 고객의 행동 변화와 심리 변화도 언젠가는 9세그먼트 이상의 더 상세한 세그먼트로 분석이 가능해져, 최종적으로는 무한 자동 세그먼트를 통해 일대일 마케팅을 하게 될 날이 올 겁니다.

망상처럼 들릴지도 모르지만, 이런 기술은 이미 '레이 커즈와일(Ray Kurzweil)'이 『특이점이 온다』(Singularity is Near)라는 책에서 2045년에 등장할 거라 예상한 '싱귤래리티'의 실현입니다. 사회의 디지털화는 점점 가속화되고 있습니다. 그 시기가 언제가 될지 예측하는 것은 전문서에 맡기기로 하고, 이 장에서는 고객 기점 마케팅에서 주목하는 '고객'의 '지금'을 파악하기 위해, 현재의 디지털 기술 발전이 비즈니스 환경을 어떻게 바꿔가고 있는지를 생각해보겠습니다.

◉ 디지털 변화의 메커니즘

현재와 미래를 파악하기 위해서는 먼저 지난 10년간 스마트폰의 등장을 비롯해서 디지털 기술이 어떻게 달라지고 있는지를 이해할 필요가 있습니다. 최근에는 AI나 VR이 화제가 될 때가 많지만, 사실 로보틱스, 바이오테크놀로지 분야의 연구 기술도 같은 기술의 발전으로 급속하게 변화 중입니다. 중요한 변화는 2000년대 후반부터 AWS(Amazon Web Service) 비즈니스의 확대로 상징되는 클라우드 서비스의 등장, 그리고 스마트폰의 등장, 브로드밴드와 LTE, 와이파이를 통한 데이터 통신의 고속화, 대중화입니다.

우선, 클라우드 서비스의 등장으로 이전까지 자사관리운용(온 프레미스)으로 안고 있던 서버 부담이 사라지고, 다양한 개발 툴을 통해 클라우드로 입수가 가능해졌습니다. 이것 덕분에 디지털 서비스의 개발과 운영, 데이터 축적과 분석이 손쉬워지고 비용도 상당히 줄어들었습니다. 이전에는 넉넉한 자본이 있는 대기업만이 가능했던 서비스 개발이나 프로그램 개발을 누구나 할 수 있게 된 것이 가장 중요한 변화라고 생각합니다.

클라우드 서비스의 등장은 이후 AI 기술의 급격한 발전으로 이어졌고, 디지털 영역에서 다양한 벤처기업을 탄생시켜 기존의 대기업 비즈니스를 위협하고 있습니다. '프로덕트 아이디어'만 있으면 자본이 없어도, 기업체가 아닌 개인이어도 새로운 비즈니스를 세상에 발표할 수 있게 되었습니다.

스마트폰이 등장하면서, 수많은 기업들이 클라우드 서비스를 활용하면서 다양한 앱을 개발하고 저가에 제공하고 있습니다. 스마트폰의 대량생산에 의해 그 안에 사용되는 각종 센서나 부품 비용이 극적으로 내려간 것도, 다양한 벤처기업이 탄생한 요인입니다. 처음에는 그때까지 PC가 대상이었던 웹상의 서비스나 게임을 앱으로 옮기는 것이 중심이었지만, 그후에 스마트폰 전용 앱이 늘어나기 시작하면서 앱 마켓은 급속히 성장했습니다. 그리고 2012년, 대량의 고속통신 4G가 등장하여 인터넷 접속 속도가 일제히 빨라지면서, 장소에 상관없이 사진이나 동영상처럼 용량이 큰 콘텐츠도 문제없이 사용할 수 있게 되었습니다. 이렇게 스마트폰의 발전은 가속화되었습니다.

여기서부터 아마존으로 대표되는 전자상거래 기업을 중심으로, 아날로그의 세계에 존재하던 서비스를 스마트폰으로 해결할 수 있는 서비스가 늘어났습니다. 매스미디어의 일부도 스마트폰으로 접속할 수 있게 되었습니다. 스마트뉴

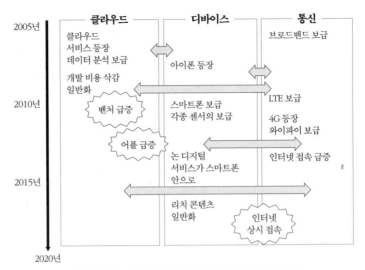

클라우드 · 디바이스 · 통신

2005년
클라우드
서비스 등장
데이터 분석 보급

개발 비용 삭감
일반화

벤처 급증

어플 급증

2010년
스마트폰 보급
각종 센서의 보급

논 디지털
서비스가 스마트폰
안으로

2015년

리치 콘텐츠
일반화

아이폰 등장

브로드밴드 보급

LTE 보급

4G 등장
와이파이 보급

인터넷 접속 급증

인터넷
상시 접속

2020년

< 그림 5-1 > 여러 영역에서 기술 발전이 연쇄 작용하고 있다

스가 탄생한 것도 2012년이었습니다. 참고로, 라인(LINE)은
2011년, 메루카리는 2013년에 등장하여 5년 만에 우리 삶 깊
숙이 들어왔습니다.

서로 다른 디지털 기술의 연쇄 작용으로 개인이 스마트폰
을 통해 시간이나 장소에 상관없이 인터넷을 이용할 수 있게
되었고, 모든 정보와 미디어에 무한대로 접속하게 되었습니
다(그림 5-1).

이 같은 일련의 변화가 PC나 휴대전화가 도입되었을 때와
다른 점은 그 용도의 범위와 사용 상황입니다. 앱 서비스가 발

달한 후에는, 현실 세계에서만 얻을 수 있는 서비스라는 것을 오히려 찾아볼 수 없게 되었으며, 웬만한 산 속이나 바다 위가 아닌 이상, 사용의 제한도 사라지게 되었습니다.

❶ '신 리얼월드'와 '구 리얼월드'가 공존하는 세상

2018년판 일본 총무성의 정보통신백서를 보면, 일본 내의 스마트폰 보급률은 2010년의 9.7%에서 2017년 75.1%로 급격히 증가했습니다[1]. 이 속도는 휴대전화의 보급보다 2배가 빠른 것입니다. 연령대별로는 13~19세가 79.5%, 20대에서 94.5%, 30대에서 91.7%, 40대에서 85.5%, 50대에서 72.7%, 60대에서 44.6%[2]. 연령대별 인터넷 이용 시간은 평일 하루당 13~19세 128.8분, 20대 161.4분, 30대 120.4분, 40대 108.3분, 50대 77.1분, 60대 38.1분으로 나타났으며, 40~50대를 경계로 큰 차이가 있습니다[3].

또한 주식회사 디지털아트(Digital Arts Inc. : 일본의 정보보안 기업)의 조사에 의하면[4], 고교생의 평균 이용 시간은 여자 6.1시간, 남자 4.8시간입니다. 수업이나 방과 후 시간을 제외하면, 거의 깨어 있는 시간 내내 스마트폰을 이용하고 있다는

N1 마케팅

뜻입니다.

여기서 젊은 층을 중심으로 한 스마트폰 세대는 지금까지의 물리적인 세계와는 다른 '온라인 세계'에서 오랜 시간을 보낸 다는 것, 물리적인 세계에서 얻을 수 있는 정보와는 다른 정보에 접속하고 있다는 것을 알 수 있습니다. 스마트폰을 통해 개개인이 상시 인터넷에 직접 연결되면서, 지금까지 존재하던 물리적이고 아날로그적인 세계와는 전혀 다른 새로운 세계가 출현해 급속도로 확대되고 있습니다. 스마트폰에 의해 세계는 분단되고, 평행 우주(패러렐 월드)가 태어난 것입니다.

분단된 세계의 한쪽은 스마트폰을 하루에 6, 7시간이나 사용하는 젊은이들의 '신 리얼월드', 그리고 또 다른 한쪽은 스마트폰을 연락 수단으로 사용하는 40대 이상의 '구 리얼월드'입니다. 시부야의 교차로에 서 있는 17세의 젊은이와 45세의 비즈니스맨은 물리적으로는 같은 공간에 있지만, 보고 있는 세계와 살고 있는 세계가 전혀 다릅니다(그림 5-2).

'신 리얼'세대는 이미 스마트폰 속에서 살기 시작했다고 말할 수 있습니다. 하지만 지금까지 비즈니스 세계를 견인해온 중장년층 중심의 비(非)스마트폰 세대에게는 이 새로운 세계가 보이지 않습니다. 특히 일본에서는 그 영향이 과소평가되는 경향이 있습니다.

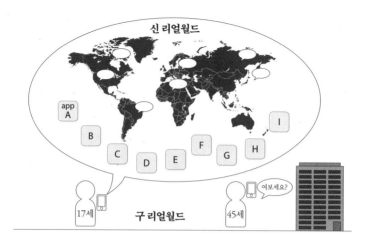

신 리얼월드

app
A

B

C   D   E   F   G   H

I

17세   구 리얼월드   45세   여보세요?

< 그림 5-2 > '신 리얼월드'와 '구 리얼월드'

　왜냐하면 일본은 젊은 층의 인구가 적기 때문입니다. 스마
트폰 보급은 전 세대로 퍼지고 있지만, 스마트폰 네이티브라
고 할 수 있는 10~20대의 인구는 30~60대의 절반입니다. 인
구가 적기 때문에 소비 행동의 거시적인 변화가 다른 세대에
비해 겉으로 드러나기가 어렵습니다. 특히 역사가 긴 대기업
들 대부분이 인구가 많은 40~60대를 타깃으로 마케팅을 하
기 때문에, 아무래도 스마트폰 세대에 대한 인식은 낮아지기
쉽습니다.

　스마트폰 세대인 젊은 층이 스마트폰을 통해 항상 누군가
와 연결되어 있고, 친구나 정보를 통해 이 세상을 파악하고 있

N1 마케팅

는 한편, 그 윗세대의 사람들에게 스마트폰은 전화의 연장이자 연락 수단일 뿐입니다. 이 두 세계가 서로 보이지 않은 채 '평행 우주'로 공존하면서, 스마트폰의 세계는 점점 더 확대해가고 있습니다. 같은 공간에서 생활하지만 전혀 다른 정보와 흥미를 갖는 두 개의 층 모두에게 급속도로 디지털 월드가 확대해가고 있는 상황입니다. 이 변화는 과거의 100년 200년과 같이 직선적인 변화가 아니라, 곱절로 늘어가는 기하급수적 변화라는 점이 매우 중요합니다.

◐ '평행 우주'에서 '제로 프릭션 월드'로

그렇다면 이 '평행 우주'는 어디를 향해 가고 있을까요? 클라우드, 스마트폰, 통신 서비스의 고속화를 기점으로 AI, 딥러닝, IoT, 빅데이터, 나아가 GPU(화상처리반도체), 5G(제5세대 이동통신 시스템), 스마트글라스와 같은 다양한 웨어러블 디바이스의 등장까지, 2016년 다보스포럼에서 거론된 '4차 산업혁명'이 현재 일어나고 있습니다. 극단적으로 표현하면, '제로 프릭션 월드'라고 할 수 있는 세계가 실현되고 있는 것입니다.

'제로 프릭션 월드(Zero Friction World)'란, 우리 생활에 필

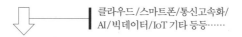

클라우드/스마트폰/통신고속화/
AI/빅데이터/IoT 기타 등등……

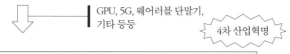

GPU, 5G, 웨어러블 단말기,
기타 등등

4차 산업혁명

미래 제로 프릭션 월드(신 리얼월드)

〈 그림 5-3 〉 평행 우주에서 제로 프릭션 월드로

수적인 물리적인 작업이나 시간적 수고, 그와 관련된 심리적인 부담이나 불만 즉, 프릭션(마찰)이 모두 제로가 되는 세계입니다. 현재는 그 과정에 있다고 말할 수 있습니다(그림 5-3).

생활 속에 존재하는 프릭션이란, 알기 쉽게 말하면 더 행복한 생활을 하기 위해 필요했던 물리적인 이동이나 작업, 시간이나 심리적 부담을 말합니다. 현재는 그것이 한 개씩 소멸해가고 있습니다.

예를 들면, 물리적 이동을 위해 필요했던 프릭션 즉, 차표 사기, 요금 지불하기, 요금 지불을 위해 IC 카드나 스마트폰, 스마트워치 갖다 대기, 지하철 시간표 조사하기, 환승역 조사하기, 목적지 게시판 찾기, 계단 내려가기, 기다리기, 줄 서기, 택시 찾기, 전화나 스마트폰으로 예약하기, 목적지 말하기, 택시 안이 추우면 난방을 켜달라고 운전사에게 부탁하기 등등 물리적인 작업이나 시간적 수고를 떠올려보면, 더 이상은 그런 노동을 할 필요가 없어졌다는 걸 알 수 있습니다. 오히려 지금은 '이동해야 하는' 이유 자체가 프릭션으로, 고속통신이나 홀로그램 기술 등의 디지털 기술로 그 이유와 필요성이 점차 사라져가고 있는 상황입니다.

● '새로운 리얼월드' 마케팅

다시 고객 기점 마케팅으로 돌아가겠습니다. 현재의 마케터들이 마주하고 있는 것은 '디지털인가, 매스미디어인가'라는 질문이 아닙니다. 문제가 되는 것은 '신 리얼월드'가 급속히 확대되어서 '제로 프릭션 월드'를 향하는 과정 속에서 구 리얼과 신 리얼로 양분되어 가는 고객 그 자체입니다. 효과적인 마케팅과 전략을 구축하기 위해서는 수단이나 기법이 아니라 급속히 변화하는 고객들의 상황을 파악하고, 이후에 나타날 현상을 미리 예측하는 수밖에 없습니다. 이것이 바로 이 책이 고객 기점 마케팅을 제안하는 이유입니다.

젊은 층이 살고 있는 '신 리얼월드'에서 마케팅을 생각하는 경우, 우선 스마트폰 속에 그 비즈니스에 관하여 어떤 정보가 발신되고 있는지, 제대로 타깃에 전달되고 있는지가 큰 과제입니다.

이제 부모 자녀 간의 대화나 친구와의 대화, 이동 중에 눈에 보이는 광고, 신문 TV 등의 미디어까지 모두 스마트폰으로 이어지는 '신 리얼월드'로 이동하고 있습니다. 따라서 그 세계를 통해 정보를 알리지 않는 비즈니스는 젊은 세대에게는 아예 그 존재 자체를 알리지 못할 것이고, 점점 쇠태해갈 것입니다.

더 중요한 것은 스마트폰을 통한 인터넷 접속은 개인의 정보 취득이 자발적이고, TV처럼 수동적인 것이 아니라는 점입니다. 스마트폰은 화면이 작기 때문에, 1990년대나 2000년대의 PC를 통한 Web 주류의 시대보다도 훨씬 더 정보의 취사선택이 빨라지고 있습니다.

매스미디어 중심 시대에는 커뮤니케이션 수단이 단순했기 때문에 정보를 발신하는 기업 쪽에 주도권이 있었습니다. 그러나 스마트폰을 통한 '신 리얼월드'에서는 정보의 주도권이 개인으로 넘어가서 스스로 순식간에 취사선택이 가능하게 되었습니다.

광고도 볼 것과 보지 않을 것을 순간적으로 판단할 수 있습니다. TV라면 흥미가 없는 광고도 수동적으로 보게 되지만, 스마트폰상에서는 그렇지 않습니다. 즉 광고 한 가지만 봐도, 스마트폰은 TV로 대표되는 매스미디어와는 맥락이 다릅니다.

또한 스마트폰을 통해 얻는 정보나 접속할 수 있는 미디어는 매우 다양합니다. 개개인의 흥미에 따라 각각이 접속하는 사이트나 미디어는 계속해서 변해갑니다. 이제는 SNS 안에서도 개인의 취미, 기호에 따라 수많은 소규모 커뮤니티를 만들고 있습니다. 지금 사람들이 무엇을 보고 있고, 무엇에 흥미를 갖고 있는지를 파악하는 것은 이제 거의 불가능에 가까워졌습니다.

마케터들은 이런 급격한 변화를 고객 기점으로 파악하고, 전략을 바꿔 유연하게 대응하는 능력을 점점 더 키워야 합니다.

고객을 둘러싼 디지털 환경은 시간적, 공간적인 틀을 넘어 점점 더 방대한 정보량과 선택지가 펼쳐지고 있습니다. 이미 AI 이외에는 그 누구도 전체상을 파악할 수 없게 되었습니다. 매스미디어라는 숲 속에서는 눈에 띨 수 있었던 아름다운 나무도 숲이 무성한 정글이 되어 전 세계를 뒤덮게 되자, 단순히 아름답다는 이유로는 누구의 눈에도 띄지 않게 되었습니다.

⭕ 세대 차이 인식하기

많은 50~60대 간부의 성공 경험담은, 그들이 젊었을 때 '구 리얼월드'에서 실행한 비즈니스나 마케팅에 입각하고 있어, 성공담 자체가 '신 리얼월드'에 몸담고 있는 현장의 젊은이와 는 갭이 생겨납니다. 고객과 가장 가깝다고 볼 수 있는 마케팅 팀 내에서도 세대 차이는 존재합니다.

유의해야 할 것은, 시장이 '평행 우주'로 분단되었고, 과거 의 성공 체험과는 연결되지 않는다는 것입니다. 40~60대, 또 는 그 위의 세대만을 타깃으로 하는 업종이라면 상관없는 이 야기일지도 모르겠습니다. 다만, 생산 인구에 '신 리얼월드' 의 고객이 들어오기 때문에 지금까지와는 전혀 다른 흐름이 탄생하고 있는 것은 명백합니다.

스마트폰을 단지 전화로만 사용하고 있는 베테랑 간부가 스마트폰으로 항상 인터넷에 연결되어 있는 10대의 세계관 이나 감각을 이해할 수는 없습니다. 그들이 살고 있는 온라인 세계에서는 정보 통제란 없고, 흥미와 기호에 따라 전 세계의 어떤 니치한 정보도 접촉할 수 있습니다.

싫든 좋든 이렇게 급속하게 변화하는 고객에게 어떻게 대응할지는 과거와는 많이 다를 수밖에 없습니다. 이전에 성공했던 마케팅 방식으로는 부족하기 때문에, 경영과 마케팅 전략을 재설정해야 합니다.

● 신 리얼월드는 데이터 없이는 파악할 수 없다

인터넷이라는 것은 애초에 냉전 중에도 생존 가능성이 높은 커뮤니케이션 네트워크로 만들어진 분산형 네트워크입니다. 그것이 스마트폰의 등장으로 개개인에게 연결되면서 개인 자신이 분산형 네트워크가 되었다고도 말할 수 있습니다.

분산형이라는 점 때문에 새로운 세계에서 개인이 무엇을 보고 있는지, 무엇을 하고 있는지, 과거의 세계에서 비즈니스를 하던 기업은 파악할 수가 없습니다. 예전에는 TV 시청률이나 잡지의 발행부수 등으로 얻을 수 있었던 시장 상황도 현재는 국경과 시차도 뛰어넘어 계속 변화하기 때문에 전체를 파악하기가 어렵습니다.

그런데 그것이 가능한 것이 바로 구글과 페이스북, 아마존,

그리고 중국의 알리바바나 텐센트와 같은 인터넷 거인들입니다. '신 리얼월드' 안에서 살고 있는 개인의 행동이나 흥미, 네트워크 데이터를 모두 이런 기업들이 독점해가고 있습니다.

아직도 많은 기업이 데이터베이스 구축에 손도 못 대고 있거나, 또는 대규모의 투자를 들여 거대한 데이터베이스를 만들어놓기는 했어도 제대로 활용하지 못해, 어떠한 사업적인 결과도 얻지 못하고 있습니다. 데이터베이스가 구축되었다고 해도, 그것을 활용할 프레임워크가 존재하지 않기 때문입니다.

앞서 소개한 고객의 행동, 심리 데이터 축적과 분석 툴은 거대한 데이터베이스를 구축하지 않아도 활용할 수 있습니다. 기업 규모에 상관없이 내일부터라도 바로 따라 할 수 있습니다. 반드시 고객 피라미드(5세그맵)와 9세그맵의 구축, N1 분석을 통해 평행 우주에서 제로 프릭션 월드를 향해 가고 있는 고객을 실시간으로 이해하고, 새로운 '프로덕트 아이디어'와 '커뮤니케이션 아이디어' 발상에 몰두해야 합니다.

*1 2018년판 정보통신백서- 정보통신기기의 세대보급률 추이
http://www.soumu.go.jp/johotsusintokei/whitepaper/ja/h30/html/nd252110.html
*2 위와 동일- 스마트폰의 개인보급률 추이
http://www.soumu.go.jp/johotsusintokei/whitepaper/ja/h30/html/nd142110.html
*3 위와 동일- 인터넷 이용 시간(평일)
http://www.soumu.go.jp/johotsusintokei/whitepaper/ja/h30/html/nd252510.html
*4 디지털 아트- 미성년의 휴대전화, 스마트폰 이용실태조사
http://www.daj.jp/company/release/2017/0301_01/

5-2 | 디지털 벤처기업이 일으키는 파괴적 이노베이션

⬦ 앱 비즈니스의 급속한 확대와 대두

마지막으로, 스마트폰을 통해 퍼지고 있는 '신 리얼월드'의 앱 비즈니스에 대해 이야기하겠습니다. 앱 비즈니스 분석 툴을 제공하고 있는 앱애니(App Annie)에 따르면, 2018년 전 세계 앱 다운로드는 총 1940억 건, 스마트폰 유저의 1일 평균 이용 시간은 3시간, 모바일을 중심으로 성장한 기업의 IPO 평균 평가액은 그렇지 않은 기업의 4배 가까이 상승하고 있습니다('모바일시장연감 2019', 2019년 1월 발표). 사실 저도 스마트뉴스에 입사하기 전까지는 앱 비즈니스가 이렇게까지 급속도로 커지고 있는지는 인식하지 못했습니다.

앱 비즈니스의 특징은 조직의 상당수가 엔지니어들이고, 유저의 행동 데이터가 실시간으로 가시화되고 있다는 것입니다. 당연히 프로덕트 개선과 진화도 실시간으로 진행됩니다. '구 리얼월드'에서 온 저에게 이것은 실로 놀라운 투명성과 스피드였습니다. 그와 동시에 디지털 비즈니스가 단기간에 거대해진 이유를 이해할 수 있었습니다. 앞으로는 마케팅에 디지털을 잘 이용하지 않으면 얼마나 치명적인 리스크가 나타날지 강력하게 인식하게 되었습니다.

◖ 앱의 비즈니스 모델 'AARRR 모델'

기초 편에서 활용한 고객화 과정에 대해서는 최근 다양한 기업이 주목하고 도입하기 시작했습니다. 고객화 과정은 고객이 어떻게 상품의 정보를 접촉하게 되고, 인지하고, 구입하여 지속적으로 사용하는지 그 코스를 여행에 비유하여 시간에 따라 가시화하고 마케팅에 활용하는 것을 의미합니다. 그런데 디지털 세계에서는 이것이 일상적인 업무로 정착되어 있습니다.

앱 비즈니스에서 이용하고 있는 비즈니스 모델 중에 'AARRR'이라는 것이 있습니다(그림 5-4). 유저의 행동을 A(Acquisition, 유저 획득), A(Activation, 상품 사용과 유저 활동의 활성화), R(Retention, 지속 사용), R(Referral, 다른 사람에게 소개나 추천), R(Revenue, 수익화)이라는 5단계로 나누고, 실시간 데이터로 가시화 및 분석하여 '프로덕트 아이디어' 자체를 다양한 '변수'의 조합으로 파악하는 모델입니다. 그리고 지속적으로 이용하고 있는 유저의 소개나 그로부터 얻은 수익을 다시 재투자해서 다음 신규 고객을 획득합니다. '프로덕트 아이디어'의 완성을 전제로 하지 않고, '프로덕트 아이디어' 자체를 연마하기 위해서 유저의 행동 데이터를 사용한다는 점, 이것은 '구 리얼월드'의 비즈니스에는 존재하지 않았던 발상입니다. 이 모델은 이 사이클을 계속 반복하면서 높은 수익을 달성하는 것을 목적으로 합니다.

니즈가 없는 곳에 쓸데없는 투자를 하지 않도록, 처음에 A(Activation 상품 사용과 유저 활동의 활성화)를 먼저 하고, 마지막에 A(Acquisition 유저 획득)를 넣은 ARRRA가 좋다는 의견도 있지만, 이 모델은 '프로덕트 아이디어'의 유효성을 확인하고 나서 투자하는 경우이기 때문에 A(Acquisition 유저 획득)로 시작하는 AARRR 모델로 설명하겠습니다.

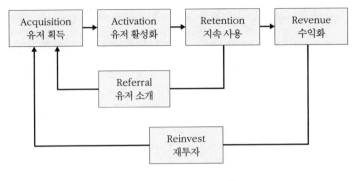

< 그림 5-4 > AARRR 모델

❯ 게임 앱의 AARRR 모델 운용 사례

이 모델이 구체적으로 어떻게 운용되고 있는지 게임 앱을 예로 들어 소개하겠습니다. 우선, 어느 미디어, 어떤 정보를 계기로 앱에 흥미를 갖게 되었는지를 파악합니다. 그리고 유저 획득(Acquisition)을 위한 마케팅 활동을 실시간으로 최적화해 갑니다. 획득한 유저가 게임의 어느 부분에서 막혀 있는지, 어느 부분에서 이탈했는지도 가시화되기 때문에 '페인 포인트(pain point)'라 불리는 문제의 장소를 확인하고 게임의 내용 자체를 바꾸거나, 다시 사용하고 싶게 만들 계기나 인센티브를 개발합니다.

보너스 포인트 부여나 이벤트, 난제 해결을 위한 힌트를 제공하거나 난이도 자체를 바꾸기도 하면서 유저를 활성화 (Activation)하고, 지속 사용 기간(Retention)을 최대화합니다. 유저의 소비 동기가 높아지는 포인트나 충성도가 상승하는 포인트도 데이터로 읽어내면, 결제를 하게 되는 지점과 결제액을 예측할 수 있습니다.

유저가 어떤 단계에서 어떻게 다른 사람들에게 추천 (Referral)하고 있는지도 알 수 있기 때문에, 입소문을 최대화하기 위한 마케팅 활동도 가능합니다. 추천하기 쉽게 만드는 인센티브, 이벤트를 기획하고 프로덕트 자체에 설치하여, 비용을 최소화하고 유저 수를 늘려갑니다.

그리고 각각의 시행착오를 통해 여러 가지 가설을 세워보고 AB 테스트로 비교 검증하여, 더 효과적인 해결책을 모색합니다. 이것을 실시간으로 24시간 반복하면, 수익(Revenue)은 커지고 유저의 평균 LTV는 최대화하여, 거액의 광고 투자를 해도 수익성이 충분히 보장되는 비즈니스 모델이 완성됩니다. 투자를 계속 해도 수익이 늘어나지 않는다면, 그 시점에서 개발을 중지하고 새로운 아이디어에 투자하는 쪽으로 시선을 돌립니다.

스텝. 1 오프라인과 온라인을 종합한 투자

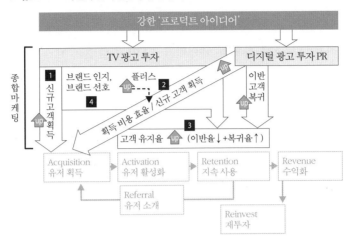

스텝. 2 AARRR 모델의 지속과 PDCA

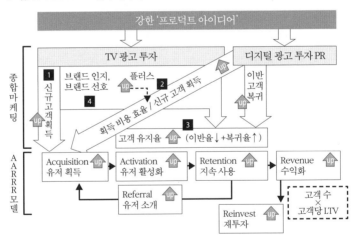

< 그림 5-5 > 앱의 종합 마케팅

◐ 앱 비즈니스의 종합 마케팅

스마트뉴스에서 활용한 마케팅은 AARRR 모델에 브랜드 인지도와 선호도를 추가한 종합 마케팅 모델입니다. 간단히 설명해보겠습니다.

앱 마케팅은 장기적이고 지속적인 이익 최대화를 목적으로, 총 고객 수 증가와 충성화를 달성하기 위해 신규 고객 획득, 기존 고객의 충성화, 이반 고객 감소 및 복귀를 위해 단기 및 중장기적으로 우선순위를 정하고 활동합니다. 이 실행을 위해서 AARRR 모델이 존재하는 것인데, 투자 효과를 더욱 최대화하기 위해서 여기에 브랜드 인지도와 선호도 향상을 더해 온라인과 오프라인 모두를 활용하는 것이 앱 비즈니스의 종합 마케팅입니다.

구체적으로는 AARRR 모델에 ①TV 광고 투자에 의한 신규 고객의 직접 획득, ②디지털 광고 · PR에 의한 신규 고객 획득 +TV 광고 투자로 브랜드 인지도와 선호도 향상, 그것에 의한 획득 비용 효율의 향상, ③브랜드 선호도 향상에 의한 기존 고객의 이반율 감소와 이반 고객의 복귀 촉진, 나아가 ④기존 고객의 충성화 촉진. 이것을 종합하고 가시화한 모델입니다(그림 5-5).

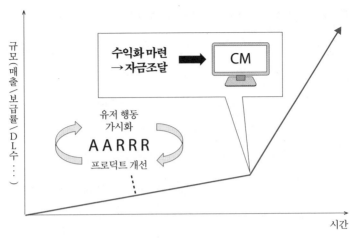

< 그림 5-6 > 순식간에 확대하는 디지털 비즈니스

　　여기서 중요한 것은 강한 '프로덕트 아이디어'를 바탕으로
브랜드 인지도와 선호도를 향상시키는 것입니다. 그것으로
인해 디지털 광고에 의한 신규 고객 획득 비용의 효율이 올라
가고(낮은 CPI로 획득할 수 있는 타깃 고객층이 늘어나기 때문), 디지
털 광고의 투자 상한도 함께 올라가 규모를 확대할 수 있습니
다. 이 종합 마케팅 모델에 의해 AARRR 모델이 확대 순환하
고, 수익도 확대되며, 또다시 확대 순환하기 위한 마케팅 투자
가 가능해집니다.

◐ 디지털 비즈니스의 거대화와 위협

들어본 적 없는 새로운 디지털 벤처기업이 갑자기 나타나 단기간에 유저를 늘리는 이유가 바로, 이 AARRR 모델에 있습니다. 이 모델은 유저의 행동을 데이터화하고 실시간으로 가시화합니다. 그 과정에서 얻은 시행착오를 24시간 365일 반복해서 '프로덕트 아이디어'를 연마하고 수익화가 마련되면 그것을 재투자하고 인지를 확대해가는 것입니다. 그 결과 그들은 거대한 비즈니스를 만들어갑니다(그림 5-6).

자금을 조달할 때는 거대한 투자펀드가 참여할 때도 많은데, '프로덕트 아이디어'를 연마한 벤처기업에는 이런 비즈니스 모델을 숙지한, 창업 경력이 있는 벤처 투자가가 초기 단계부터 관여하고 있습니다. 그들의 조언도 포함해서, 인터넷상에서 정보 교환이 활발히 이루어지면서 그야말로 '구 리얼월드'에서는 볼 수 없는 '신 리얼월드'에서 잇달아 새로운 '프로덕트 아이디어'가 나오는 것입니다.

물론 '프로덕트 아이디어'의 독자성이 출발점이겠지만, 여기에는 편익성의 탄생 여부를 신경 쓰지 않고도 활로가 있습니다. 프로덕트를 개발하면서 유저 행동 데이터의 가시화, 분석, 대량의 AB 테스트를 통해 변경과 개선을 반복하면, 유저

N1 마케팅

의 심리를 파악하지 못하고도 편익성을 발견하거나, 또는 서서히 만들어갈 수 있기 때문입니다. 개발 과정에서 매일 유저의 피드백을 활용하고, 유저의 지지를 받아 수익이 예상되는 독자성과 편익성의 조합, 즉 '프로덕트 아이디어'를 완성시켜 가는 것입니다.

또 상품을 '완성'하지 않고, 행동 데이터를 바탕으로 '프로덕트 아이디어'를 영원히 진화시키며 강한 편익성을 계속해서 찾는 것도 가능합니다. 애플이 아이폰 발매 후에도 자동 업데이트나 서비스의 추가, 수정을 반복하는 것도, 프로덕트를 개발하면서 '프로덕트 아이디어'를 진화시키는 것으로 수익 기반을 확대했다고 평가할 수 있습니다. 이것은 스마트뉴스도 마찬가지입니다. 또한 앱 비즈니스에 국한되지 않고, 디지털을 기반으로 한 모든 비즈니스에도 해당되는 모델입니다.

'구 리얼월드' 비즈니스와의 결정적인 차이가 바로 여기에 있습니다. 다만, 디지털업계에서는 대체로 유저의 심리 분석이나 인사이트 분석을 바탕으로 한 새로운 제안이나 기획 창출은 어렵기 때문에, 앞에서 소개한 종합 마케팅 모델은 활용되고 있지 않습니다. 이것은 디지털 비즈니스의 약점이자, 더 큰 성장을 기대할 수 있는 기회라고도 할 수 있습니다.

'구 리얼월드'에서는 이런 움직임이 보이지 않고, 자사 비즈니스에 어떤 영향을 미칠지도 판단하기가 어렵습니다. 또한 디지털 비즈니스의 '프로덕트 아이디어'가 훌륭한지 아닌지를 검증할 기술도 없습니다. 확실하게 말할 수 있는 것은 새로운 디지털 비즈니스가 시장에 출현하고 큰 투자로 유저 획득이나 인지 형성에 주력하기 시작한 시점에는 이미 늦다는 것입니다. 이렇게 종래의 비즈니스는 디지털 비즈니스에 의해 재정의되면서 시장을 빼앗기고 있습니다. 눈에 보이지 않는 디지털의 파괴적 이노베이션을 '구 리얼월드'에서 알아차리기 위해서는 역시 9세그맵의 움직임을 주시하고, N1 분석에서 나타나는 작은 징조, 이를테면 자사 상품이나 서비스를 대체할 디지털 서비스, 상품의 등장을 하루라도 빨리 발견해야 합니다. 반드시 그 임팩트를 평가하고 사업의 매수까지 생각하는 전략을 세워야 합니다.

◐ 가장 중요한 것은 '프로덕트 아이디어'의 독자성

마케터라면 누구나 AISAS(아이사스 : Attention인지→Interest흥미→Search검색→Action구매→Share공유)라는 개념을 알고 있을 것입니다. 이것은 2007년, 당시 덴쓰(일본 최대의 광고 대행

사)의 아키야마 류헤이(秋山 隆平) 씨가 『정보대폭발-커뮤니케이션 디자인은 어떻게 바뀌는가(情報大爆発―コミュニケーション・デザインはどう変わるか)』에서 말한 소비자의 구매 패턴 모델입니다. 이때 이미 아키야마 씨는 '신 리얼월드'의 출현을 예상했던 것인데, 그 후 스마트폰의 등장으로 인한 급속한 변화는 아마도 그의 상상을 초월했을 것입니다. 당시 아키야마 씨와 함께 식사할 기회가 있었는데, '구 리얼월드'의 주민이었던 저는 대단히 많은 것을 배울 수 있었습니다.

AISAS는 매우 중요한 통찰을 개념화한 것인데, 실무자로서 느끼는 것은 A(Attention)의 어려움입니다. 스마트폰의 등장으로 미디어가 분단되고 다양한 디지털미디어가 등장하면서, 인지도를 얻는 것 자체가 어려워져서 초기 마케팅 비용이 매년 올라가고 있습니다. 광고 대행사에서 진행하는 임팩트 넘치는 '핫한' 광고만으로는 이제 해결할 수가 없습니다.

모든 비즈니스는 상품이나 서비스의 아이디어, 즉, '프로덕트 아이디어'의 독자성을 끝까지 파고들지 않으면 안 됩니다. 상품 개발 자체를 마케팅의 책무로 받아들이고, 동시에 '프로덕트 아이디어' 개발도 해야 합니다. '커뮤니케이션 아이디어'를 병행해서 생각하면, 그 '프로덕트 아이디어' 자체에 세상에 발표할 만한 독자성이 있는가, 정말로 명확한 편익성이 존재하는가를 재검토할 수 있습니다. 독자성이 약한 '프로덕트 아이디어'는 그대로 두고, '커뮤니케이션 아이디어'에 모든 책임을 떠맡기는, 커뮤니케이션에 편중된 기존의 마케팅은 절대 피해야 합니다.

우리의 과제는 극적으로 확대된 디지털미디어와 정보량 속에서 자사의 정보를 눈에 띄게 하고, 최초의 인지 획득과 구매로 이어지게 하는 것입니다. 브랜드 인지부터 구매까지는 순조롭게 도달했어도, 매일 지속적으로 방대한 정보가 쏟아지기 때문에 모처럼 쟁취한 흥미는 순식간에 떨어질 수 있습니다. 아키야마 씨가 지적했던 크리에이티브, 이 책에서 말한 '커뮤니케이션 아이디어'의 망각 곡선이 점점 더 짧아지고 있는 것입니다.

이전에는 정보 입수의 경로와 정보량이 한정되어 있었기 때문에, '아이디어'가 매스미디어를 통해 전달되면, 상품과 서비스가 팔리면서 비즈니스가 성립되었습니다. 그것을 '매스 마케팅'이라고 불렀는데, 지금 생각하면 참 편한 시대였다고도 할 수 있겠습니다. 하지만 지금은 당시의 노하우로는 살아갈 수 없는 시대로 바뀌어버렸습니다.

앞으로는 점점 더 '프로덕트 아이디어'의 독자성 여부가 성공을 좌우할 것입니다. 고객 이해를 기점으로 독자성을 추구한 '프로덕트 아이디어'의 개발과 그것을 전달하기 위한 '커뮤니케이션 아이디어'의 개발, 그리고 인지 획득에서 구매 행동으로 이어지기까지의 종합적인 마케팅 설계가 대단히 중요합니다. 그리고 그것을 실현하기 위해서는 개발과 홍보, 선전, 영업 등의 부서를 뛰어넘어 조직을 연계하고, 타임랙(time leg)이 없는 고객 기점 마케팅을 실행해야 합니다. 그러기 위해서도 고객 피라미드나 9세그맵을 통해 자사 브랜드와 경쟁자의 상황을 반드시 고객 기점에서 분석해야 합니다.

【 5장 핵심 메시지 】

❶ 테크놀로지의 진화에 사로잡힐 게 아니라 고객의 행동과 심리에 주시하라.

❷ 디지털이 '구 월드'의 비즈니스를 재정의하고, 창조적으로 파괴한다.

❸ 대체할 수 없는 압도적인 '프로덕트 아이디어' 구축이 가장 중요한 시대가 되었다.

신 리얼월드에서 살아보다

"고객이 주문하기 전에 필요한 상품을 예측 · 배송해주는 서비스"

스마트뉴스라는 디지털 벤처기업에 관여하면서 최근 2년 동안 목격한 것과 느낀 점을 조금 소개하겠습니다. 디지털업계를 한마디로 표현하면, 5장에서 소개한 '프릭션'을 제로로 만드는 비즈니스라고 할 수 있겠습니다. 하지만 그동안 이 세상에 전혀 존재하지 않았던 새로운 비즈니스 모델이라는 경우는 실제로 많지 않고, 거의 대부분이 '구 리얼월드'에 존재하는 비즈니스를 새롭게 전환한 것이었습니다.

디지털업계에서 만나는 수많은 벤처기업 경영자, 엔지니어, 엔젤 투자가들이 공통적으로 추구하는 것은 단순한 일확천금이 아닙니다. 그들이 지향하는 것은 많은 프릭션이 존재하는 '구 리얼월드'의 재구축이자, 비(非)디지털 월드의 디지털화, 바꿔 말하면 '제로 프릭션'의 실현, 전 세계의 디지털화 그 자체라고 느꼈습니다.

레이 커즈와일이 예상한 '싱귤래리티'는 '제로 프릭션 월드' 그 자체이자, 요 몇 년간의 AI와 딥 러닝의 발전을 보고 있으면, 당시의 예상을 훨씬 웃도는 속도로 진행되고 있습니다. 아마존이 스탠다드화한, 개인의 행동과 검색 이력을 바탕으로 한 추천 시스템은 AI에 의해 이제 모든 산업에서 응용하고 있습니다.

2018년 11월, 아마존은 자사의 추천 시스템인 AI 기능의 서비스 판매를 발표했습니다. 그 목적지는 자신이 원하는 것과 다음에 해야 할 일을 AI가 미리 예측하고 먼저 제안해주는 세계, 즉 프릭션을 제로로 만들어가는 세계일 것입니다. 놀랍게도 아마존은 고객이 주문하기 전에 필요한 상품을 예측하여 배송하는 특허를 이미 2012년에 출원했습니다.

*

저는 스마트뉴스에 참여하면서 그때까지는 잘 보이지 않았던 디지털 월드인 '신 리얼월드'에서 살게 되었습니다. 최근

2년간은 신문도 보지 않고 스마트폰에 몸을 푹 담그고 있었더니, 의식 못한 사이에 TV와 잡지는 거의 보지 않는 생활을 하게 되었습니다. 실제로 일할 때도 PC를 사용하지 않고, 화면이 작다는 불편함은 있지만, 거의 스마트폰으로 해결할 수 있었습니다. 일하는 장소가 상관없어지니, 세계관도 크게 바뀌었습니다.

디지털 비즈니스에서는 사용하는 말도 특수하고, 비즈니스와 마케팅에서도 사고방식이 달랐습니다. 애초에 마케팅의 필요성조차 느끼지 못하는 사람들이 거의 대부분이었습니다.

저 자신도 정보를 취득하는 미디어와 교류하는 사람들이 크게 바뀌었습니다. 벤처기업 대상 콘퍼런스인 ICC(Industry Co-Creation)나 IVS(Infinity Ventures Summit), 스타트업 이벤트인 슬러시 도쿄(Slush Tokyo) 등에도 처음으로 참가해봤습니다. 여기서 만난 분들은 이전의 비즈니스 관계에서 만난 분들과는 전혀 달라서 그야말로 평행 우주라고 할 수 있습니다. 한편, 해외의 이벤트에는 '구 리얼월드' 기업의 간부가 빠짐없이 참가하고 있습니다. 그들은 세션에 등장해서 자사의 대처법이나 매력 등을 어필하고, 동시에 자사에서 활용할 수 있는 디지털 기술이나 파트너, 인재 확보에 적극적으로 나서고 있습니다.

디지털 비즈니스에서 만난 벤처 경영자나 엔젤 투자가, 기관 투자가는 대부분 20~40대입니다. 해외 비즈니스 경험자나 아예 해외에 거주하는 분들도 많아, 일본인이나 영어권 이외의 사람도 영어를 사용하는 것이 당연하여, '구 리얼월드'에서는 볼 수 없었던 일본이라는 국경을 뛰어넘은 시스템이 성립하고 있는 것을 실감합니다.

물론 구 리얼월드 출신의 '베테랑' 중에서도 풍부한 경험을 바탕으로 디지털 비즈니스로 깊이 파고든 분도 있습니다. 하지만 실제로는 많은 분들이 지금까지의 상식이나 성공 경험으로는 상대할 수 없는 세계가 점점 거대해지는 것을 알고 있으면서도 수수방관 상태일 것입니다.

이 책을 읽고 조금이라도 이 '신 리얼월드'의 위협과 기회를 느꼈다면, '신 리얼월드'의 주민과 직접 만나 그들이 무슨 생각을 하고, 어떻게 살고 있는지 꼭 들어볼 것을 권합니다. '구 리얼월드'에 살고 있는 상태에서 그 세계를 이해하는 것은 불가능합니다. 현재 상태에 머무른 채로 그들과 만났다면, 그것은 아마 그들이 과거의 비즈니스를 디지털 비즈니스로 재정의한 후가 될 것입니다.

그렇게 되기 전에 우선은 디지털업계나 벤처업계의 콘퍼런스 등에 스스로 참가해서 그곳에서 논의되고 있는 것들을 알아보고, 어떤 '아이디어'가 출현하고 있는지 느껴보세요. '신 리얼월드'를 지향하는 사람들과 접촉하는 기회를 자주 만들 어보시기 바랍니다.

그 고객이 바로
나 자신이라고 생각해보라

끝까지 읽어주셔서 감사합니다. 27년 이상 마케팅과 경영 업무를 해온 실무가로서, 저의 경험이 여러분의 실무에 조금이라도 도움이 된다면 기쁘겠습니다.

사실은 이 책도 구체적인 N1을 설정해서 쓴 것입니다. 그 대상은 바로 1997년, P&G에서 브랜드 매니저로 일한 지 3년째를 맞이한 29세의 저입니다. 당시 저는 일본 최초의 신 브랜드를 준비하면서 20대에 배운 마케팅 이론과 양적 데이터 분석을 철저히 하고 전략을 짰습니다. 하지만 그 브랜드가 불과 반년 만에 존재감 없이 사라지게 되어, 인생 최대의 좌절을 맛보고 있었습니다. 몇 번이나 데이터와 논리를 재검증했지만, 결정적인 실수는 보이지 않았고, 타개책도 발견할 수 없었습니다. 그래서 결국 그 브랜드는 포기하게 되었습니다. 그때까지 함께 노력해온 동료와 팀원들에게도 너무나 미안했습니다. 마케터로서의 커리어도 끝났다고 포기했지만, 감사하게도 한 번 더 기회를 얻어, 헤어 케어 브랜드를 담당하게 되었습니다. 그리고 운 좋게도 그 브랜드가 단기간에 성장하여 그럭저럭 그 후의 커리어를 이어나갈 수 있었습니다.

마지막 기회라 생각하고 각오를 단단히 한 헤어 케어 브랜드에서는 논리를 내세우지 않았습니다. 우선은 제가 직접 유저가 되어 소매점을 돌면서 상품의 진열 상태를 살펴보고, 다양한 상품을 구입, 사용하면서 재미있어 보이는 일을 했습니다. 고객에 대해 잘 알고 있는 헤어스타일리스트와 직접 이야기를 나누고, 스타일리스트 모임에도 나갔습니다. 구체적인 '누군가'로부터 강한 반응이 있는 것, 그것에만 의지하여 '아이디어'를 생각하고, 마케팅 전략을 역산하여 양적 조사로 확인하는 역방향의 접근을 취했습니다.

그 이유는 결과적으로 실패한 브랜드를 담당할 때 들었던, '머리로 생각하지 말고 느낌에 의지해라', '유저를 대상물로만 보면 안 된다. 유저의 기분에 공감하고 자기 자신이라고 생각하라'는 선배의 조언이 떠올랐기 때문입니다. 사실 그 말을

N1 마케팅

들었을 당시에는 그 의미를 몰랐습니다. 데이터와 논리가 맞아떨어지면 된다고 생각했습니다. 그래서 아날로그적인 조언을 들어봤자 피곤할 뿐이라고 생각했습니다. 만약 당시에 그 조언의 깊은 의미를 이해했었다면, 아마도 결과는 크게 달라졌을 거라 생각합니다.

이 책에서 소개한 프레임워크는 저의 이러한 경험과 시행착오에서 탄생한 것입니다. 되돌아보면 아주 복잡한 수수께끼를 풀기 위해서 20년 이상을 몰두하고 있었던 느낌입니다. 고민하고 있던 그 시절의 저 자신에게 이 책을 전달할 수 있다면, 아마도 많은 고객이 좋아할 브랜드를 개발하고 크게 성공했을 거라고 생각합니다. 이제 그것은 이룰 수 없지만, 지금 현장에서 고민하고 있는 실무자들에게 작게라도 힌트가 되었으면 좋겠습니다.

이 책에서 소개한 고객 기점 마케팅의 모델은 제가 진행한 프로젝트나 혹은 맡았던 클라이언트의 기업에서 실천했던 것들입니다. 그리고 이것들을 더 쉽게 활용하는 방법도 개발했습니다. 고객 피라미드(5세그맵), 9세그맵을 바탕으로 한 분석을 통해 전략과 '아이디어'를 구축하기 위해서는, 어느 정도의 매뉴얼 작업도 필요합니다. 디지털을 활용한 더 효율적인 실행 방법에 대해서는 현재 저의 새로운 회사에서 모색 중입니다. 앞으로는 다음 사이트에서 사례 연구 등을 발표할 예정이니 참고해주시기 바랍니다(https://mktgforce.com/).

아무리 세계가 진화하고 모든 것이 디지털 세상으로 바뀌어도, 사람의 행동을 좌우하는 것은 마음의 움직임입니다. 데이터와 이론만으로는 고객의 마음을 이해할 수 없습니다. 고객 한 사람 한 사람의 마음에 귀를 기울이고, 이해하고 공감하는 자세를 유지한다면 그 마케팅은 반드시 좋은 결과로 이어집니다. 마케팅은 어느 시대에나 새로운 가치를 만들어낼 수 있는 훌륭한 일이라고 믿습니다.

여러분도 꼭 고객 기점 마케팅을 추구해서 지금까지 없었던 독자성과 편익성으로 가득한 훌륭한 신상품, 신 서비스를 세상에 척척 내놓아 많은 고객에게 전달하시기를 기원합니다.

이 책을 쓰기 시작하고 1년 동안 몇 번이나 대폭 수정과 삭제
를 반복하면서 여기까지 왔습니다. 이 책의 출발점은 좌절에
빠져 있던 29세의 제 모습이지만, 이후 수많은 경험을 제공하
여 이 책을 쓸 수 있게 도와준 P&G, 로토제약, 록시땅 그룹,
스마트뉴스의 경영진과 동료, 도움을 주신 수많은 클라이언
트들에게 깊은 감사의 마음을 전합니다.

이 프레임워크로 무장한다면 반드시 좋은 결과가 나올 거
라는 자신감은 있었습니다. 하지만 애초에 마케팅의 개념도
전혀 다른 스마트뉴스에서는 프레임워크에 대해 제대로 설명
도 하지 못한 채 2년을 무조건 바쁘게 달려왔습니다. 전례가

없는데도 성공을 믿고 첫날부터 함께 달려준 유일한 팀 멤버인 야마자키 유스케. 제대로 된 오리엔테이션도 없이 마케팅 팀에 참가하여 급성장을 만들어준 마쓰우라 시게키, 마치다 유야, 다니모토 나오코, 아미타니 다카시, 마쓰나가 미사키, 히사마쓰 요코, 유카와 노도카, 마쓰오카 소시, 시즈쿠이시 나쓰코, 미야모토 유키코. 그리고 직원 수준으로 참여하며 낮밤으로 지원해준 덴쓰 팀의 미야카와 겐지 씨, 쓰키카와 다쿠마 씨, 기요미즈 후쿠누시 씨, 야마구치 다쓰야 씨, 레이메이 씨, 스즈키 세이라 씨, 오카노 소헤이 씨, 쓰지나카 데루 씨, 이세다 세잔 씨, 사와다 모모코 씨, 이시바시 마스미 씨, 마쓰오카 분고 씨, 요시다 아야카 씨, 구도 고스케 씨, 이이다 아사미 씨. 컨설턴트 우치야마 고지 씨. 그리고 디지털 마케팅 운용을 순식간에 확대해준 사이버젯 팀 여러분, 정말로 감사했습니다. 모두가 항상 고객의 마음을 중심으로, 모든 의식을 고객에게 집중해주었기 때문에 이런 결과가 나올 수 있었다고 생각합니다.

또한 주말과 심야에 몰아서 하는 집필, 편집 작업에도 항상 함께하며 마지막까지 지원해준 편집자 다카지마 도모코 씨, 쇼에이샤 출판사 여러분, 따뜻한 응원을 보내준 가족 사와코와 마이카에게 깊은 감사의 마음을 전합니다.

2019년 4월

니시구치 가즈키

➜ 참고 문헌

■ 마케팅

필립 코틀러, 케빈 레인 켈러, 윤훈현 역, 『마케팅 관리론』, 피어슨에듀케이션코리아

필립 코틀러, 안광호, 유창조, 전승우 공역, 『Kotler의 마케팅 원리』, 시그마프레스

필립 코틀러, 낸시 R. 리, 양세영 역, 『필립 코틀러의 Social Marketing』, 지식의날개

필립 코틀러, 허마원 카타자야, 이완 세티아완, 안진환 역, 『마켓 3.0』, 타임비즈

필립 코틀러, 허마원 카타자야, 이완 세티아완, 이진원 역, 『필립 코틀러의 마켓 4.0』, 더퀘스트

알 리스, 로라 리스, 이장우, 최기철 역, 『경영자 VS 마케터』, 흐름출판

짐 스텐겔, 박아람 역, 『미래 기업은 무엇으로 성장하는가』, 리더스북

케빈 레인 켈러, 김준석 역, 『전략적 브랜드 관리』, 시그마프레스

알 리스, 잭 트라우트, 안진환 역, 『포지셔닝』, 을유문화사

알 리스, 로라 리스, 배현 역, 『브랜딩 불변의 법칙』, 비즈니스맵

A. G. 래플리, 로저 마틴, 김주권 역, 『Playing to Win 승리의 경영전략』, 진성북스

마이클 포터, 미래경제연구소 역, 권용 감수, 『마이클 포터의 경쟁전략』, 프로제

데이비드 아커, 이상민 역, 『브랜드 자산의 전략적 경영』, 비즈니스북스

데이비드 아커, 이상민 역, 『브랜드 포트폴리오 전략』, 비즈니스북스

프레드 라이켈트, 롭 마키, 정지택 역, 『고객이 열광하는 회사의 비밀』, 청림출판

니시우치 히로무, 신현호 역, 『빅데이터를 지배하는 통계의 힘』, 비전비엔피

미타니 고지, 무라야마 도루, 앤더슨 컨설팅, CRM 통합 팀, 양경미 역, 『CRM 고객
관계관리』, 대청미디어

다카이 신지(髙井 紳二) 편집, 『실전 페르소나 마케팅(実践ペルソナ・マーケテ
ィング)』, 일본경제신문출판사(日本経済新聞出版社)

가토 미코토(加藤 希尊), 『처음 해보는 고객화 과정 맵 워크숍(はじめてのカスタ
マー_ジャー_ニー_マップワークショップ)』, 쇼에이샤(翔泳社)

스즈키 히로아키(鈴木 寛曉) 『글로벌 기업에게 배우는 브랜드 마케팅 90가지 항목
(グローバル企業に学ぶ ブランド・マーケティング90の項目)』, SIC

인터브랜드재팬(インターブランドジャパン) 편집, 『브랜딩 7가지 법칙【개정판】
(ブランディング 7つの原則【改訂版】)』, 일본경제신문출판사(日本経済新聞出
版社)

모리오카 쓰요시(森岡 毅), 『마케팅이란 '조직혁명'이다(マーケティングとは「組
織革命」である)』, 일경BP(日経BP)

하쿠호도 소비연구소(博報堂物研究所), 『왜 '그것'이 팔리는가?(なぜ「それ」が
買われるのか?)』, 아사히신문출판(朝日新聞出版)

와다 히로코(和田 浩子), 『모든 것은 소비자를 위해(すべては、消費者のため
に)』, 트랜스월드재팬(トランスワールドジャパン)

도미나가 도모노부(富永 朋信), 『디지털 시대의 기초지식 '상품 기획'(デジタル時
代の基礎知識『商品企画』)』, 쇼에이샤(翔泳社)

오토베 다이스케(音部 大輔), 『왜 '전략'으로 차이가 나는가(なぜ「戦略」で差がつ
くのか)』, 선전회의(宣伝会議)

온조 나오토(恩蔵 直人) 『코모디티화 시장의 마케팅 이론(コモディティ化市場の
マーケティング論理)』, 유히카쿠(有斐閣)

다카하시 히로쓰구(髙橋 広嗣), 『반경 3미터의 '행동 관찰'로 대히트를 만드는 방

법(半径3メートルの「行動観察」から大ヒットを生む方法)』, SB크리에이티브
(SBクリエイティブ)

다나카 히로시(田中 洋), 『기업을 높이는 브랜드 전략(企業を高めるブランド戦
略)』, 고단샤(講談社)

엔도 나오키(遠藤 直紀), 다케이 유키코(武井 由紀子), 『매출로 연결되는 '고객충
성도전략' 입문(売上につながる「顧客ロイヤルティ戦略」入門)』, 일본실업출
판사(日本実業出版社)

오사카 유키에(大坂 祐希枝), 『매출의 80%를 차지하는 우량고객을 놓치지 않는
방법(売上の8割を占める 優良顧客を逃さない方法)』, 다이아몬드사(ダイヤモ
ンド社)

헨미 고지로(逸見 光次郎), 『디지털 시대의 기초 지식 '마케팅'(デジタル時代の基
礎知識『マーケティング』)』, 쇼에이샤(翔泳社)

사가와 고자부로(佐川 幸三郎), 『새로운 마케팅의 실제(新しいマーケティングの
実際)』, 프레지덴트샤(プレジデント社)

가토 고이치 레오(加藤公一 レオ), 『인터넷 광고&통판의 일인자가 밝히는 100%
확실하게 매출이 상승하는 최강의 조직(〈ネット広告&通販の第一人者が明か
す〉100%確実に売上がアップする最強の仕組み)』, 다이아몬드사(ダイヤモン
ド社)

A. G. Lafley, Roger L. Martin, 『Playing to Win: How Strategy Really Works』,
Harvard Business Review Press

David Aaker, 『Aaker on Branding: 20 Principles That Drive Success』, Morgan
James Publishing

Byron Sharp, 『How Brands Grow: What Marketers Don't Know』, Oxford
University Press

John A. Goodman, 『Customer Experience 3.0: High-Profit Strategies in the Age
of Techno Service』, AMACOM

■ 아이디어 · 크리에이티브 · 광고

알 리스, 로라 리스, 김현정 역,『홍보 불변의 법칙』, 비즈니스맵

데이비드 오길비, 최경남 역,『광고 불변의 법칙』, 거름

다니엘 핑크, 김명철 역, 정지훈 감수,『새로운 미래가 온다』, 한국경제신문

클레이튼 M. 크리스텐슨, 이진원 역,『혁신기업의 딜레마』, 세종서적

제프리 A.무어, 윤영호 역,『제프리 무어의 캐즘 마케팅』, 세종서적

톰 켈리, 데이비드 켈리, 박종성 역,『유쾌한 크리에이티브』, 청림출판

오카 야스미치, 요시다 노조무, 윤재훈 역,『브랜드 Brand』, 채움

케빈 로버츠, 양준희 역, 이상민 감수,『러브마크:브랜드의 미래』, 서돌

톰 켈리, 조너던 리트먼, 이종인 역,『유쾌한 이노베이션』, 세종서적

팀 브라운, 고성연 역,『디자인에 집중하라』, 김영사

안토니 R. 프랫카니스, 앨리엇 아론슨, 윤선길 외 역,『프로파간다 시대의 설득전
    략』, 커뮤니케이션북스

제임스 웹 영, 이지연 역, 정재승 감수,『아이디어 생산법』, 윌북

존 케이플즈,『광고 이렇게 하면 성공한다』, 서해문집

오카다 요시로(岡田 芳郎),『일본의 역사적 광고 크리에이티브 100선(日本の歴史
    的広告クリエイティブ100選)』, 선전회의(宣伝会議)

아키야마 류헤이(秋山 隆平),『정보대폭발-커뮤니케이션 디자인은 어떻게 바뀌
    는가(情報大爆発―コミュニケーション・デザインはどう変わるか)』, 선전회
    의(宣伝会議)

스기야마 고타로(杉山 恒太郎),『크리에이티브 마인드-만드는 힘을 이끌어내
    는 40가지 말(クリエイティブマインド-つくるチカラを引き出す40の言葉た
    ち)』, 인프레스(インプレス)

고시모 가즈야(小霜 和也),『이쪽에서 진짜 광고 카피 이야기를 하겠습니다(ここ
    らで広告コピーの本当の話をします)』, 선전회의(宣伝会議)

오다기리 아키라(小田桐 昭), 오카 야스미치(岡 康道),『CM』, 선전회의(宣伝会議)

오카 야스미치,『아이디어의 직전(アイデアの直前)』, 가와데쇼보신사(河出書房
    新社)

스기야마 고타로, 『아이디어의 발견(アイデアの発見)』, 인프레스(インプレス)

오카 야스미치, 『승률 20%의 업무론(勝率2割の仕事論)』, 고분샤(光文社)

TUGBOAT, 『TUGBOAT 10 Years』, 미술출판사(美術出版社)

나카하타 다카시(仲畑 貴志), 『모두에게 사랑받으려다 모두에게 미움받는다-이
기는 광고의 모든 것(みんなに好かれようとして、みんなに嫌われる。勝つ
広告のぜんぶ)』, 선전회의(宣伝会議)

아다치 히카루(足立 光), 『맥도날드, P&G, 헨켈에서 배운 압도적인 성과를 만드는
'극약'의 업무술(マクドナルド、P&G、ヘンケルで学んだ 圧倒的な成果を生
み出す「劇薬」の仕事術)』, 다이아몬드사(ダイヤモンド社)

Jeff Crabtree, Julia Crabtree, 『Living with a Creative Mind』, Zebra Collective

Sergio Zyman, Armin A. Brott , 『The End of Advertising as We Know It』, Wiley

Craig Simpson, 『The Advertising Solution: Influence Prospects, Multiply Sales,
and Promote Your Brand』, Entrepreneur Press

■ 뇌과학 · 심리학

안토니오 다마지오, 임지원 역, 『스피노자의 뇌』, 사이언스북스

마르첼로 마시미니, 줄리오 토노니, 박인용 역, 『의식은 언제 탄생하는가?』, 한언출
판사

데이비드 이글먼, 김소희 역, 『인코그니토』, 쌤앤파커스

에릭 R. 캔델, 전대호 역, 『기억을 찾아서』, 알에이치코리아

줄리아 쇼, 이영아 역, 『몹쓸 기억력』, 현암사

일레인 폭스, 이한음 역, 『즐거운 뇌, 우울한 뇌』, 알에이치코리아

스탠리 밀그램, 정태연 역 『권위에 대한 복종』, 에코리브르

귀스타브 르 봉, 김성균 역 『군중심리』, 이레미디어

제러미 하이먼스, 헨리 팀스, 홍지수 역, 『뉴파워: 새로운 권력의 탄생』, 비즈니스북스

빅터 프랭클, 이시형 역, 『죽음의 수용소에서』, 청아출판사

로버트 치알디니, 황혜숙 역, 『설득의 심리학』, 21세기북스

우치다 카즈나리(内田 和成), 『우뇌 사고(右脳思考)』, 동양경제신보사(東洋経済新報社)

와타나베 마사타카(渡辺 正峰), 『뇌의 기억 기계의 기억 - 뇌신경과학의 도전(脳の意識 機械の意識 - 脳神経科学の挑戦)』, 중앙공론신사(中央公論新社)

이화학연구소 뇌과학종합연구센터(理化学研究所 脳科学総合研究センター) 편집, 『연결되는 뇌과학 '마음의 구조'에 다가가는 뇌연구의 최전선(つながる脳科学「心のしくみ」に迫る脳研究の最前線)』, 고단샤(講談社)

Antonio Damasio, 『The Feeling of What Happens』, Mariner Books

R. Douglas Fields, 『The Other Brain』, Simon & Schuster

Max Weber, 『Typen der Herrschaft』, Reclam

Robert Fritz, Dr. Wayne Scott Andersen, 『Identity』, Newfane Press

Chris ernst, Donna chrobot-mason, 『Boundary Spanning Leadership』, McGraw-Hill

Melanie Mitchell, 『Complexity: A Guided Tour』, Oxford University Press

■ 디지털

레이첼 보츠먼, 루 로저스, 이은진 역, 『위 제너레이션』, 모멘텀

크리스 앤더슨, 이노무브그룹 외 역, 『롱테일 경제학』, 랜덤하우스코리아

크리스 앤더슨, 정준희 역, 『Free 프리』, 랜덤하우스코리아

크리스 앤더슨, 윤태경 역, 『메이커스』, 알에이치코리아

나루케 마코토, 유윤한 역, 『아마존의 야망』, 서울문화사

알렉스 모아제드, 니콜라스 존슨, 이경식 역, 『플랫폼 기업 전략』, 세종연구원

에릭 리스, 이창수, 송우일 공역, 『린 스타트업』, 인사이트

피터 틸, 블레이크 매스터스, 이지연 역, 『제로 투 원』, 한국경제신문

돈 탭스콧, 알렉스 탭스콧, 박지훈 역, 박성준 감수, 『블록체인 혁명』, 을유문화사

마크 제프리, 김성아 역, 『마케팅 평가 바이블』, 전략시티

티엔 추오, 게이브 와이저트, 박선령 역, 『구독과 좋아요의 경제학』, 부키

션 엘리스, 모건 브라운, 이영구, 이영래 공역, 『진화된 마케팅 그로스 해킹』, 골든 어페어

오쿠타니 다카시, 이와이 다쿠마, 이수형 역, 『채널 전쟁』, 청림출판

보스턴 컨설팅 그룹(ボストン コンサルティング グループ) 편집, 『BCG 디지털 경영개혁(BCGデジタル経営改革)』, 일본경제신문출판사(日本経済新聞出版社)

마쓰시마 사토시(松島 聡), 『UX의 시대-IoT와 셰어링은 산업을 어떻게 바꾸는가 (UXの時代―IoTとシェアリングは産業をどう変えるのか)』, 에이지출판(英治出版)

요코야마 류지(横山 隆治), 스가와라 겐이치(菅原 健一), 쿠사노 타카시(草野 隆史), 『고객을 알기 위한 데이터 매니지먼트 플랫폼-DMP입문(顧客を知るためのデータマネジメントプラットフォーム DMP入門)』, 인프레스R&D(インプレスR&D)

히로세 신스케(広瀬 信輔), 『애드테크놀로지의 교과서-디지털 마케팅 실천안내 (アドテクノロジーの教科書 デジタルマーケティング実践指南)』, 쇼에이샤 (翔泳社)

스가와라 겐이치, 아리조노 유이치(有園雄一), 오카다 요시히로(岡田吉弘), 스기하라 쓰요시(杉原剛), 『더 애드테크놀로지(ザ・アドテクノロジー)』, 쇼에이샤 (翔泳社)

다카히로 노리히코(高広 伯彦), 『차세대 커뮤니케이션 플래닝(次世代コミュニケーションプランニング)』, SB크리에이티브(SBクリエイティブ)

논쿠라(のんくら), 아키(a-ki), 이시다 겐스케(石田 健介), 소메야 마사토시(染谷 昌利), 『구글 애드센스 현금화의 교과서 완전판(Google AdSense マネタイズの教科書[完全版])』, 일본실업출판사(日本実業出版社)

니시이 도시야스(西井 敏恭), 『디지털 마케팅으로 매출의 벽을 뛰어넘는 방법(デジタルマーケティングで売上の壁を超える方法)』, 쇼에이샤(翔泳社)

가나야마 유키(金山 裕樹), 가지타니 젠토(梶谷 健人), 『가장 쉬운 그로스해킹 교본(いちばんやさしいグロースハックの教本)』, 인프레스(インプレス)

N1 마케팅

BayCurrent Consulting Inc, 『Digital Transformation (Japanese Way)』, BayCurrent
   Consulting Inc,

Jeff Loucks, James Macaulay, Andy Noronha, Michael Wade, 『Digital Vortex:
   How Today's Market Leaders Can Beat Disruptive Competitors at Their Own
   Game』, DBT Center Press

Scott Brinker, 『Hacking Marketing: Agile Practices to Make Marketing Smarter,
   Faster, and More Innovative』, Wiley

■ 미래 예측

레이 커즈와일, 김명남 역, 『특이점이 온다』, 김영사

리처드 돕스, 제임스 매니카, 조나단 워첼, 고영태 역, 『미래의 속도』, 청림출판

케빈 켈리, 이한음 역, 『인에비터블 미래의 정체』, 청림출판

클라우스 슈밥, 송경진 역, 『클라우스 슈밥의 제4차 산업혁명』, 새로운현재

에릭 슈미트, 제러드 코언, 이진원 역, 『새로운 디지털 시대』, 알키

피터 드러커, 이재규 역, 『넥스트 소사이어티』, 한국경제신문

피터 드러커, 이재규 역, 『21세기 지식경영』, 한국경제신문

오마에 겐이치, 안진환 역, 『보이지 않는 대륙』, 청림출판

피터 드러커, 남상진 역, 『피터 드러커 매니지먼트』, 청림출판

피터 드러커, 이재규 역, 『프로페셔널의 조건』, 청림출판

피터 드러커, 이재규 역, 『변화 리더의 조건』, 청림출판

피터 드러커, 이재규 역, 『이노베이터의 조건』, 청림출판

피터 드러커, 남상진 역, 『테크놀로지스트의 조건』, 청림출판

노나카 이쿠지로, 다케우치 히로다카, 장은영 역, 『지식창조기업』, 세종서적

비제이 고빈다라잔, 크리스 트림블, 이은경 역, 『리버스 이노베이션』, 정혜

김위찬, 르네 마보안, 김현정, 이수경 공역, 『블루 오션 전략』, 교보문고

클레이튼 M. 크리스텐슨, 캐런 딜론, 이종인 역, 『일의 언어』, 알에이치코리아

아타카 가즈토, 곽지현 역, 박신영 감수, 『세계의 엘리트는 왜 이슈를 말하는가』, 에이지21

우치다 가즈나리, 보스턴컨설팅그룹 역, 『가설사고, 생각을 뒤집어라』, 3mecca. com

미타치 다카시, 보스턴컨설팅그룹 역, 『BCG 전략 인사이트』, 영림카디널

엔도 이사오, 정문주 역, 『현장론』, 다산출판사

엔도 이사오, 김재협 역, 『미에루카 경영전략』, 황금나침반

다케다 요이치, 정성호 역, 『약자가 강자를 이기는 15원칙』, 삼양미디어

이나모리 가즈오, 김욱송 역, 『이나모리 가즈오의 회계경영』, 다산북스

엘리 골드렛, 강승덕, 김효 공역, 『더 골1』, 동양북스

에이드리언 J. 슬라이워츠키, 조은경 역, 『프로핏 레슨』, 다산북스

짐 콜린스, 이무열 역, 『좋은 기업을 넘어 위대한 기업으로』, 김영사

가와카미 마사나오, 김윤경 역, 『모델 Model』, 다산3.0

스펜서 존슨, 이영진 역, 『누가 내 치즈를 옮겼을까?』, 진명출판사

짐 콜린스, 김명철 역, 『위대한 기업은 다 어디로 갔을까』, 김영사

톰 피터스, 로버트 워터맨, 이동현 역, 『초우량 기업의 조건』, 더난출판사

짐 콜린스, 제리 포라스, 워튼포럼 역, 『성공하는 기업들의 8가지 습관』, 김영사

스즈키 켄(鈴木 健), 『순조로운 사회와 그 적(なめらかな社会とその敵)』, 케이소쇼보(勁草書房)

피터 드러커, 『이노베이션과 기업가정신-드러커 명언집(イノベーションと企業家精神 ドラッカー名著集)』, 다이아몬드사(ダイヤモンド社)

마쓰오카 게이지(松丘 啓司), 『논리사고는 만능이 아니다(論理思考は万能ではない)』, 퍼스트프레스(ファーストプレス)

기무라 겐타로(木村 健太郎), 이소베 고키(磯部 光毅), 『돌파구 - 번뜩임은 논리에서 태어난다(ブレイクスルー ひらめきはロジックから生まれる)』, 선전회의(宣伝会議)

하토 료(波頭 亮), 『전략책정개론(戦略策定概論)』, 산노대학출판부(産能大出版部)

야마사키 야스시(山崎 康司),『입문 생각하는 기술 · 쓰는 기술(入門 考える技術 · 書く技術)』, 다이아몬드사(ダイヤモンド社)

나카자와 야스히코(中沢 康彦),『호시노 리조트의 교과서(星野リゾートの教科書)』, 일경BP(日経BP)

아사쿠라 유스케(朝倉 祐介),『파이낸스 사고(ファイナンス思考)』, 다이아몬드사(ダイヤモンド社)

표트르 펠릭스 그라치웕즈(ピョートル・フェリクス・グジバチ),『세계 최강의 팀-구글식 '최소 인원'으로 '최대 성과'를 만드는 방법(世界最高のチーム グーグル流「最少の人数」で「最大の成果」を生み出す方法)』, 아사히신문출판(朝日新聞出版)

국제문화연구실(国際文化研究室) 편집,『인생을 바꾸는 스티브 잡스 스피치(人生を変えるスティーブ・ジョブズ スピーチ)』, 고마북스(ゴマブックス)

Peter Drucker,『The Ecological Vision: Reflections on the American Condition』, Routledge

Geoffrey A. Moore,『Dealing with Darwin: How Great Companies Innovate at Every Phase of Their Evolutionby』, Portfolio

니시구치 가즈키 西口 一希 Kazuki Nishiguchi

1990년 오사카 대학 경제학부 졸업 후 P&G 재팬에 입사. 마케팅 본부에 소속되어 브랜드 매니저, 마케팅 디렉터로 일하면서 팸퍼스, 팬틴, 프링글스, 비달 사순 등을 담당했다.

2006년에는 로토제약으로 자리를 옮겨, 마케팅 본부장을 맡으면서 스킨케어 상품인 '하다라보'를 전국 판매 1위 상품으로 끌어올렸다. 또한 남성용 보디케어 브랜드인 '데오우'를 개발, 발매 1년 만에 남성 세안제 시장에서 판매 1위 베스트셀러로 만들었다. 2015년에는 록시땅 재팬의 대표이사가 되었으며, 이듬해에 록시땅의 역대 최고 이익 달성에 공헌한 기념으로 아시아인으로는 최초로 글로벌 집행위원회 멤버로 선출되었다. 2017년부터는 스마트뉴스에 참여, 이 역시 1년 만에 아이폰과 안드로이드폰 양쪽에서 앱 랭킹 1위로 만들었다.

현재 스마트뉴스에서 일본 및 미국의 마케팅 담당 집행 임원 (Senior Vice President of Marketing Japan and USA) 및 Strategy Partners 대표이사, Marketing Force 대표이사(공동대표)로 일하고 있다.

화장품, 생활용품, 의약품, 뉴스앱 등 다양한 상품의 담당 마케터로 일하면서 수 많은 베스트셀러, 판매 1위 제품을 만들어낸 저자는 그 비결을 이 책『N1 마케팅』(원제: 실천 고객기점마케팅, 단 한 사람을 분석하면 사업은 성장한다 たった一人の分析から 事業は成長する 実践 顧客起点マーケティング)을 통해 공개하고 있다. 매스미디어의 시대가 저물고 개인미디어와 언택트 시대를 살고 있는 우리에게도 그가 말하는 N1 마케팅 이론은 큰 도움이 될 것이다.

https://www.smartnews.com/ja
https://strategy-ps.com/
https://mktgforce.com/

이주희

한국외대 일본어과를 졸업한 후 해외의 좋은 책들을 국내에 소개하는 저작권 에이전트로 오랫동안 일했다. 최근에는 육아와 넷플릭스, 왓챠 그리고 번역에 집중하고 있다.

옮긴 책으로는『N1 마케팅』,『아, 그때 이렇게 말할걸!』,『매력은 습관이다』,『엄마, 내가 알아서 할게』,『이런 게 어른일 리 없어』,『문방구 학습법』,『SWEET PAPER』등이 있다.

N1 마케팅

1대1 맞춤형 팬덤 마케팅의 시대가 왔다

1판 1쇄 인쇄 | 2020년 8월 10일
1판 1쇄 발행 | 2020년 8월 15일

지은이 | 니시구치 가즈키
옮긴이 | 이주희
발행인 | 김태웅
기획편집 | 박지호, 이주영
외부기획 | 민혜진
디자인 | design PIN
마케팅 총괄 | 나재승
마케팅 | 서재욱, 김귀찬, 오승수, 조경현, 김성준
온라인 마케팅 | 김철영, 임은희, 김지식
인터넷 관리 | 김상규
제　작 | 현대순
총　무 | 안서현, 최여진, 강아담, 김소명
관　리 | 김훈희, 이국희, 김승훈, 최국호

발행처 | (주)동양북스
등　록 | 제2014-000055호
주　소 | 서울시 마포구 동교로22길 14 (04030)
구입 문의 | 전화 (02)337-1737 팩스 (02)334-6624
내용 문의 | 전화 (02)337-1739 이메일 dymg98@naver.com

ISBN 979-11-5768-647-6　03320

이 도서의 국립중앙도서관 출판예정도서목록(CIP)은 서지정보유통지원시스템 홈페이지(http://seoji.nl.go.kr)와
국가자료종합목록 구축시스템(http://kolis-net.nl.go.kr)에서 이용하실 수 있습니다.
(CIP제어번호:CIP2020030614)